달리기

형이하학적 성찰

달리기

형이하학적 성찰

기욤 르 블랑 지음

박영옥 옮김

인간사랑

Liberté • Égalité • Fraternité
RÉPUBLIQUE FRANÇAISE

INSTITUT FRANÇAIS
RÉPUBLIQUE DE CORÉE

Cet ouvrage a bénéficié du soutien des Programmes d'aide à la publication de l'Institut français.

이 책은 프랑스문화진흥국의 출판 지원 프로그램의 도움으로 출간되었습니다.

차례

그것이 부동의 여행일지라도, 그것이 지각되지도, 기대한 것도 아닌 것으로 지하에서, 제 자리에서 일어나는 여행일지라도, 우리는 오늘날 우리에게 노마드란 무엇인지를 물어야 한다.

—질 들뢰즈

1.

달리기는 어디에서 유래한 것이 아니다

달리기는 어디에서 유래한 것이 아니다. 걷기의 변형—걷는 리듬의 점진적인 확장—도, 동물 이동의 연장도 아니다. 더더욱 우리의 두 발에서 유래한 것도 아니다. 그것은 삶의 한 상태, 이유 없는 이동성(mobilité)의 잠재력이다. 달리기 위해서는 빨리 걷는 것으로 충분하지 않다. 걷기에서 두 발은 지면에 머문다. 두 발은 피할 수 없는 중력을 번갈아 흡수한다. 문제는 한 발 한 발 체계적으로 지면을 탐색하는 것이다. 반면 달리는 사람은 이 중력의 법칙과 작별한다. 그에게는 두 발이 더 이상 지면에 놓이지 않는 짧은 순간이 존재한다. 그때 그는 어떤 시간과 공간에 놓일까? 무중력의 섬광과 같은 아주 짧은 순간, 지상의 존재 조건 바깥으로의 탈출, 지상에서의 삶의 괄호 치기. 달리기와 함께 두 발은 더 이상 지상의 축제에 머물지 않는다. 물론 두 발은 번갈아 차례로 지면으로 다시 떨어질 것이다. 그러나 여기서 두 발은 걷기와 다른 것을 한다. 따라서 걷기와 달리기 사이에는 환원할 수 없는 경계가 존재한다. 비록 양쪽 모두 육상이라는 같은 이름에 속하는 다른 종류의 운동일지라도 말이다. 두 발 중에 한 발을 지면에서 떼지 않는 한, 당신이 아무리 빨리 걷는다고 해도, 당신은 여전히 걷는 사람이다. 반면 당신의 두 발이 더 이상 지면에 머물지 않는 순간, 당신은 달리기 상태에 있고, 당신은 다른 차원으로, 걷기의 경험이 접근할 수 없는 새로운 모험 속으로 진입한다.

달리기는 오랫동안 걷기의 확장으로, 혹은 걷기의 가장 내적인 본성의 변질로 생각되었다. 전자는 우리의 별다른 관심을 유발하지 않으며, 후자는 비난받아야 한다. 또한 달리기는 일상의 경험 안에, 통용되지 않는 제한된 경험 안에 말없이 갇혔다. 따라서 걷기는 어떤 경쟁자도 없이 극도의 예찬 속에서 승리를 획득할 수 있었다. 걷기는 신체에 가장 적절한 상태이고, 적절한 속도이며, 세계에 대한 관조로 가는 길임을 약속했다. 이렇게 걷기는 일종의 구도(求道)의 실천, 시속 5-6킬로미터의 리듬으로 걸으면서 몽상 속에서 자기와 세계를 일치시키는 "평안하지 않은 평안"의 연습이 되었다.

달리기는 모범적인 삶의 가능성에서 지워졌다. 최악의 경우, 그것은 유동성을 부추기는 자유주의의 흐름에 기생하고, 정상적인 삶들의 노마디즘을 찬양하는 이유 없는 운동, 철학의 정반대가 되었다. 최상의 경우, 그것은 고통 속에서 자신을 단련하는 스토이시즘과 혼동되는 훈련이 되었다.

우리가 달리기를 기록이나 기량(performance) 향상의 의지로 이해하자마자 그 의미는 상실된다. 사실 달리기를 많은 요구가 따르는 힘든 운동으로 간주하는 것은 아주 흔한 일이다. 스포츠 전문지들은 이러한 사실을 반복하고, 몇 달 동안의 훈련 프로그램과 영양식단을 제시하고, 달리기에 필요한 용구들을 세밀하게 분석한다. 이것은 달리기를 마치 달 정복처럼 생각하는 것 같다. 이러한 조언들이 가치가 있을 수도 있으며, 이 잡지들이 유용할 수도 있다. 그러나 달리기가 심장박동을 재는 크로노미터, 거리를 측정하는 측정기, 에어쿠션이 든 운동화 등이 필요한 특별한 활동이라고 믿을 필요는 없다. 마치 달리기가 프로 자동차경주('포뮬러 1')인 것처럼 말이다.

실제로 엔지니어에 대한 절대적인 믿음은 달리기 선수를 고무한다. 그러나 이 모든 것은 어디까지 갈 수 있을까? 우리는 주변에서 듣는다. 누군가는 자신의 훈련 기간을 일주일로 정하고, 그날그날의 훈련 내용을 정하기 위해—장거리 연습인지, 아니면 전속력 질주와 보통의 페이스로 달리기를 몇 분의 주기로 반복해야 하는지를 정하기 위해—, 또한 식사조절을 어떻게 해야 하는지를 결정하기 위해 전문가를 찾아간다고 한다. 스스로 자기 자신이 코치이기를 선호하지 않는다면 말이다. 그때, 달리기 선수의 훈련은 어느 하나도 우연에 내맡겨지지 않는 스위스 시계공장과 유사하다. 그런데 이 과학을 누가 정식화하고 누가 그 가치를 공식적으로 알릴까? 과학은 처음부터 잡지들의 압력을 받아 악화되지 않을까? 잡지들은 스스로 의사가 되고자 하는 사람들에게 영향을 미친다. 우리는 항상 건강 잡지들의 그칠 줄 모르는 웰빙의 명령에 복종하는 것 아닐까? 건강 잡지들은 근대의 위생주의를 다시 확인하고, 신자유주의가 동의할 수 있는 모두의 건강을 약속하는 규칙들을 구성한다.

이런 관점에서 사태를 파악할 경우, 다시 말해 우리가 달리기를 기록의 문화, 혹은 의학으로 간주한다면, 유일하게 남은 길은, 걷기처럼 삶과 주변의 의미를 존중하는 다른 활동—미디어를 통한 세계적인 스포츠의 의식(儀式)에 반하는 것—에 호소하기 위해 달리기에 등을 돌리고 기계적인 육상 선수의 이러한 겉모습을 포기하는 것이다.

프레데리크 그로는 『걷기, 두 발로 사유하는 철학』에서 걷기와 달리기 사이의 넘을 수 없는 경계를 설정한다. "걷기는 운동이 아니다. 한 발 다음에 한 발을 놓는 것은 아이들의 놀이만큼 쉽다. 사람들이 만날 때 결과도 숫자도 없다."[1] 다만 걷기, 걷기가 있을 뿐이다. 일하러 가기 위해 걷는 것은 등산을 위해 산에서 걷는 것과 다르다. 전자의 경우 걷기는 수단이며, 후자의 경우 걷기는 목적이다. 전자는 고독하지만, 후자는 연대적이다. 전자는 사회적 명령에 대답하는 것이며, 사회 안에서 생존 전략의 한 요소(이 경우 이동을 위한 다른 수단들이 존재한다)이다. 반면 후자는 철학이 될 수 있는 사회성의 요구를 전제한다. 걷기는 세계의 현전을 엄숙히 확인한다. 다시 말해, 걷기는 시선의 이동 가능성을 제공한다. 풍경은 지각할 수 없을 정도로 천천히 변하고, 느리고 조용한 움직임이 시작되고, 사

---

1 Fredéric Gros, *Marcher, une philosophie*(『걷기, 두발로 사유하는 철학』, 책세상, 2014), Flammarion, 2011, p. 8.

물들과 또 타자들과의 공모가 다시 가능해진다. 걷기는 세계의 주름으로서 하나의 부분적 영역을 다시 태어나게 한다. 걷기는 천천히 도래하는 "여기"로부터 먼 곳을 엿보는 것을 가능하게 한다. 이 느림은 우리가 아는 것처럼 자유로운 분위기에서 행해지는 정신수행에 유리하다. 프레데리크 그로는 성지순례와 걷기를 연결한다. 이로부터 걷기의 두 가지 관점이 열린다. 한편으로, 걷는 자는 어떤 자격이나 규범 없이 산책하듯 혼자 한가롭게 거니는 자다. 다른 한편, 걷는 자는 성지순례라는 거대한 문화적 형태를 영구화하는 사제다. 그런데 후자는 언제든, 어디로든 떠나는 비사회적인 한량이 될 수도 있지 않을까? 우리는 아무 때나 걸을 수 있다는 것을 안다. 왜냐하면 우리는 자기와 너무 밀착되어 있으며, 너무 자기 안에 억압되어 있다고 느끼기 때문이다. 그리고 밖으로 나가는 것은 일종의 구원과 같은 탈출, 너무 고착된 일상과 단절하는 방식이 된다.

우리가 더 이상 자신을 어디에 두어야 할지 알 수 없을 때, 또 거기에, 그 장소에 타자들과 있는 것이 지겨울 때, 우리에게는 일어나 두 발로 떠나는 아주 단순한 사실만이 남는다. 그리고 이것은 걷기로 이어진다. 따라서 세 종류의 걷는 자가 존재한다. 유유자적하는 산책자, 성지순례자, 그리고 방랑자.

산책자는 자신 앞에 원의 가치를 가지는 공간 블록을 측정한다. 그것이 가진 아름다움들을 끌어내기 위해서. 이 공간 블록은 산책자의 의지에 따라 조정될 수 있고 변형될 수 있다. 따라서 그것의 유일한 형태는 미리 계획된 것이지, 어떤 경우에도 궤적을 그리지 않는다. 이 공간 블록은 집으로 돌아가는 것이 확실한 경우에만 그에게 열려있다. 모든 산책의 기교는 두 발짝 떨어져서 다른 각도에서 자기 집을 새롭게 보기 위해 길을 잃은 척 가장하는 것이다. 산책은 프루스트식 기교다. 그것은 고향에 낯선 언어를 창출한다. 낯설게 하기는 고향으로 돌아가는 것이 보장된 사람에게만 개입한다. 『스완네 집 쪽으로』에서 화자는 집으로 향하는 긴 산책을 한다. 마치 홀린 듯이, 길을 우회하고 길을 잃으면서 풍경과 공간을 확장한다. 산책자는 공간의 확대자다.

성지순례자는 이와 다르다. 그는 선을 길게 늘이고, 가장 멀리까지 그 선을 연장하면서 고갈된다. 콤포스텔라로 가는 순례자는 이방인이 되고자 한다. 프레데리크 그로가 쓴 것처럼, "순례자는 어딘가(로마, 예루살렘 등등)에 도달하고자 하는 자가 아니라, 우선 그가 걷는 곳이 자기 집이 아닌 자다."[2] 왜

---

2 앞의 책, p. 148.

냐하면 그는 다르게 살기 위해 걷기를 이용하기 때문이다. 느림은 명상의 실천과 같다. 그래서 걷기는 우리가 걷는 장소가 되고, 그 장소는 우리의 표상과 욕망을 지우는 연습 장소가 된다. 이로써 우리는 조금 더 벌거벗고, 사물들과 자연에 대한 소유에서 아주 약간 벗어난다. 이것이 정신적 순례자의 약속—정신적 지주—이다. 길 끝에 다른 길이 나타난다. 중요한 것은 자기 안의 길을 내는 것이다. 모든 종류의 종교적 수행이 긍정하듯이, 자기 안에서 살기 위해서는 자기 밖에서 살아야 한다. 내재성은 외재성에 의해 정복된다.

방랑자는 세 번째 종류의 걷는 자다. 그에게 걷는 동기는 사회, 사회성과의 관계에서 공간과 더불어 모든 것을 끝내는 것이다. 방랑자는 더 이상 아무것도 할 수 없는 자다. 그는 전혀 그가 지나가는 곳의 법에 속하지 않는다. 여기에 있다는 사실은 그에게 견딜 수 없는 것으로 나타난다. 그래서 공간의 압박과 더불어 모든 것을 끝내는 것이다. 그리고 어느 날, 이 모든 것에서 벗어나기 위해 숨 막히는 국경에서 격렬하게, 대개 폭력적인 기습을 통해 전쟁의 선포가 슬그머니 발설되는 순간이 도래할 것이다.

물론 이 세 가지 모습은 서로 겹친다. 유유자적 산책하는 사람도 어느 날 이 모든 것을 집어 던질 수 있지 않을까? 마르셀 프루스트의 가장된 관찰 뒤에는 아르튀르 랭보가 있지 않을까? 성지순례자의 종교성은 그가 걷고, 그에게 선의 상징인 미의 증가처럼 제시되는 천의 고원 덕분에 전개되지 않을까? 결국 성지순례자는 말없이 도주하는 루저, 동적인 너무나 동적인 자본주의적 주체들의 선언된 기량과 이탈하는 일종의 루저가 아닐까? 원, 선, 지그재그, 이 모두는 걷는 주체를 만들고 서로 만나고 서로에게 침투한다.

우리에게는 또한 걷기와 달리기 사이에 경계가 존재한다. 한 발이 항상 지면에 놓이는 것은 두 발이 공중에 있는 것과는 다르다. 달리기는 따라서 걷기의 변형이 아니다. 달리기는 걷기에 환원되지 않는 경험이다. 달릴 때 나는 걷는 것보다 좀 더 빨리 걷는 자의 느낌을 갖지 않는다. 나는 신체를 다른 용도로 사용한다. 이제 문제는 달리기가 스포츠인지, 스포츠들 중 하나인지를 따지는 것이 아니라, 그것으로 인해 작동되는 어떤 용도에 대해 질문하는 것이다.

달리기가 스포츠들 중 하나임은 확실하다. 이것은 달리기가 걷기와 마찬가지로 일련의 조건에서 스포츠일 수 있다는 사실을 넘어서, 우리와 상관된 이 달리기를 너무 빨리 환원 가능한 속박에 가두지 말고, 그것이 어떤 스포츠인지 물어야 한다는 것을 의미한다. 왜냐하면 달리기는 이 책에서 우리가 질문하는 '자기의 문화(culture de soi)'이기 때문이다.

한편으로, 우리는 스포츠 안에 기술적 쾌거를 통합하고자 했다. 자연을 문화의 고리 안으로 들어오게 해서 자연과 문화의 분리를 방해하고, 자연−문화라는 새로운 고리를 창출하고, 삶을 인공화해서 결국 삶을 "인간−사이보그" 건설에 참여하는 의존체제 안으로 들어오게 하면서 말이다. 다른 한편, 우리는 항상 가장 엄밀하게 자기 자신의 지배하에 놓인 신체의 스포츠를 꿈꿨다. 우주 정복의 신체에 반한 벌거벗겨진 신체, 자동차 경주에 반한 자전거 경주, 세 개의 돛대가 달린 범선의 경주에 반해 단순한 널빤지에 의존하는 서핑. 각각의 스포츠가 가지는 이러한 이중성 안에서, 달리기는 두 번째 모습에 가장 가까이 도달한 모형을 대표할 것이다. 달리기는 신체 이외에 다른 것을 요구하지 않는 스포츠다. 그것은 체조처럼 철봉도 훌라후프도 필요하지 않으며, 자전거처럼 선수에게 밀착된 기구의 매개도 필요 없다. 다만 신체로 족하다.

달리기는 다른 어떤 스포츠도 할 수 없는 방식으로 스포츠를 발가벗긴다. 아베베 비킬라(Abebe Bikila)는 농부의 아들로 태어나서 1960년 로마 올림픽에서 콘스탄티누스 개선문을 맨발로 달려 지나갔다. 마라톤 주자는 움직이는 신체의 가능성, 지속적인 이동성 이외에 다른 것을 증언하지 않았다. 아베베 비킬라가 죽었을 때, 국장이 거행되어 사람들을 울렸고, "아침에 일어나고 해가 질 때까지 뛸 수 있는 사람"이라고 그를 불렀다. 달리기는 그 자체로 다시 생각되었다. 달리기는 스포츠 이상의 것이며, 삶의 능력이다. 사실 아베베 비킬라는 아침부터 저녁까지 달릴 수 있었다. 이 능력은 누구나에게 주어진 것은 아니다. 그렇다고 기록, 장비, 성과를 향해 서둘러 갈 필요는 없다. 이것들은 동사 '달리다'라는 말이 절대적인 가능성으로서 동반하는 이 삶의 능력의 지진과 같은 추락이다. 따라서 달리기를 기록, 크로노미터, 시상대로 파악하는 것은 삶의 태도를 변화시키고, 시간과, 공간과 다른 관계를 맺게 하는 이 삶의 가능성을 정당하게 평가하는 것이 아니다.

흔히 말해지듯이, 작은 잘못이 일 전체를 망칠 수 있다면, 이 격언은 경험상 삶에서 진실일 수 있다. 왜 우리가 달리기라고 부르는 이 이상한 사실적 복잡성이 존재할까? 달리는 신체에서 삶은 더 이상 자기 자신에 속하지 않는다. 바닥에서 분리된 두 발이 다시 바닥으로 돌아오는 것은 전적으로 여기도, 전적으로 저기도 아니다. 상승과 추락의 이 운동은 틈새, 단속적으로 도달하는 단편적인 비상의 가능성을 창출하고, 모든 중력으로부터 자유롭게 탈출하고, 다시 중력으로 되돌아온다. 주자는 끝없이 다시 일어나기 위해 넘어지는 사람과 같다. 한 발이 들려지고 다시 떨어진다. 그런데 이 떨어짐은 일상의 떨어짐이 아니다. 그것은 달 위에 우주인이 한 발 한 발 내딛는 것과 같다.

　달리기 위해 걷는 것으로 충분하지 않은 것 말고도, 동물은 달리지(court) 않는다. 동물은 구보로 달리거나(galope) 속보로 달리거나(trotte) 전속력으로 돌진한다(s'élance). 반면 달리기는 결심에 속하는 인간적 행위다. 다시 말해, 걷기를 일시적으로 중단하겠다는 결심, 걷기를 다른 태도로, 다른 삶의 태도로 대체하겠다는 결심이다. 달리기는 삶의 선택들과 관계한다. 다시 말해, 우리는 누가 쫓아와서 혹은 늦어서 달릴 수 있다. 경우에 따라서 도망자가 될 수도, 지각한 사람이 될 수도 있다. 그러나 우리는 그냥 쾌락을 위해 달릴 수도 있다. 혹자는 우리가 성적 쾌락을 찾아서 달린다고 말하지 않는가? 더 나아가 우리는 영광이나 권력을 쫓아서 달리기도 한다. 또한 달리기는 인간 조건의 침전물이다. 어쨌든 달리기는 굴레를 벗어던지는 것이며, 결국 더 이상 어디에도 속하지 않는 것이다. 삶은 전적으로 자기 안에서도 자기 바깥에서도 발견되지 않는다. 안이든 밖이든, 세상 속이든, 그것은 노력의 양태로만 존재하는 내적 선에 붙어있다. 그 내선은 가벼움이거나 견딜 수 없는 무게일 수 있다. 이 둘 사이에 바로 달리기에 고유한 경험이 존재한다. 달리기는 자기를 넘어섬과 동시에 자기 안에 존재하기 위한 시도—유혹이다. 이 모험은 형이하학적 (physique)이다. 그것은 길 위에서, 도시 속에 가장 친근한 장소들에서, 혹은 멀리 떨어진 숲 속에서 일어난다. 그러나 모험은 우리가 세계와의 관계를 질문할 때 형이상학(métaphysique)이 된다. 우리는 저지된 정착민일까? 슬픈 노마드일까?

2.

마라톤맨

마라톤의 기원에는 언어학자이며, 콜레주 드 프랑스 교수였던, 미셸 브레알(Michel Bréal)이 있다. 그는 그리스의 전령 페이디피데스—40여 킬로미터를 달려서 마라톤에서 벌어진 페르시아와의 전투에서 그리스의 승리를 아테네인들에게 알린 사람—를 기리고 싶었다. 그는 1896년 아테네에서 열리는 올림픽에 마라톤을 도입하자는 생각을 피에르 드 쿠베르탱(Pierre de Coubertin)에게 맡겼다. 마라톤은 이렇게 의미론과 신화 연구의 여백에서 태어났다. 이 학자의 부름에 그리스의 목동, 스피리돈 루이스(Spyridon Louis)가 대답했다. 그는 2시간 58분 50초로 그 거리를 완주했다. 그것은 아직 왕가의 일이 되기 전, 즉 영국의 왕 에드워드 7세 가족 때문에 그 거리가 늘어나기 전이다. 1908년 런던 올림픽에서 마라톤은 윈저 성 앞에서 출발해서 왕가 맞은편에 위치한 올림픽 경기장에서 끝났다. 그 거리는 26마일 385야드, 즉 국제 육상협회에서 공식적으로 인정한 42,195킬로미터다. 소르본 대학에서 피에르 드 쿠베르탱은 고양된 목소리로 육상선수들의 영광스런 신체를 꿈꾸며, 올림픽 구호를 주창했다. "더 빨리, 더 높이, 더 힘차게(Citius, Altius, Fortius)." 이 구호는 최고 기량의 발산이라는 동일한 이상으로 모든 육상선수들을 자극했을 것이다. 그때 그것은 프로그램이었을까? 육상선수의 영광의 신체는 대학 강단에서 선언된 준엄한 지식의 완벽한 상대로서 칭송되었다.

스피리돈 루이스는 어떠했을까? 사진 속에 그는 화려한 그리스 의상을 걸치고 있다. 그러나 마루시(Marousi)의 양치기였던 그는 올림픽 최초의 마라톤 우승자가 되어 "루이스처럼 달려라"라는 구호가 나올 정도로 그리스의 국가적 영웅이 된 것을 별로 좋아하지 않았다. 그리고 1936년 올림픽에서 루이스는 히틀러에게 올림푸스 산의 올리브 가지를 선사했다. 영광의 양치기는 독재자의 전령이 되었다. 평범한 삶이 두 번의 오해로 인해 역사 속으로 들어간 것처럼 보인다. 사실 그리스의 스물네 살 된 양치기가 마을 사람들에 의해 신발이 신겨져 마라톤에 참가하고, 도착 4킬로미터 전에 선두로 달리고, 15명의 경쟁자를 7분 이상의 차이로 따돌리도록 미리 정해진 것은 아무것도 없었다. 만일 이것이 타고난 달리기의 소질이나 고지대에서의 훈련 덕분이 아니라면 말이다. 그리고 아무것도 아니었던 삶은 모든 것이 되었다. 무지한 이 삶은 학자의 부름에 대답했다. 그러나 이 삶은 결국 불명예스런 삶으로 끝났다. 올리브 가지를 독재자에서 선사한 것은 확실하게 모든 영광의 연단을 사라지게 하고 다시 어두운 삶으로 돌아가게 했다. 왜냐하면 그 삶은 절대로 달리지 말았어야 할 어두운 삶이었기 때문이다. 전설은 불명예스런 삶의 우화가 되었다. 마치 명예(fama)에서 불명예(infamie)로 가는 데는 한 발짝이면 충분한 것처럼 말이다. 여기에 성 스피리돈의 삶으로부터 오는 먼 울림이 있다. 그는 270년 시프리 섬에서 태어나서 부모처럼 양치기가 되었고, 신에게 헌신하는 소박한 삶을 살았다. 그는 주교가 되었을 때도 마찬가지로 소박한 삶을 살았다. 교회장 바실로풀로스(Vassilopoulos)의『성인들의 삶』속에 그의 일화가 나온다. 교인들의 믿음을 강화하기 위해, 스피리돈은 다른 교통

수단을 거부하고 걸어서 주교관을 방문했다. 피곤함을 불평하는 아이들에게 그는 "양떼를 쫓아 달리는 것에 익숙한 양치기에게, 걷기는 아주 쉬운 일이다"라고 대답했다. 영혼의 양치기와 단순한 양치기 사이의 명백한 근접성에도 불구하고, 달리기와 걷기 사이에는 단절이 있다. 달리기가 양치기의 상태라면, 걷기는 신앙인의 활동이다. 왜냐하면 걷기만이 명상을 가능하게 하기 때문이다.

이 어두운 전설로부터 스피리돈 루이즈는 세계 어디에서나 달리고, 히틀러의 손을 잡은 아첨하는 육상선수보다 맨발의 젊은 양치기 안에서 자신을 발견하는 모든 익명의 삶들을 동반하는 부재, 이름—없음(sans-nom)이 되었다. 마라톤의 역사는 이 삶으로부터 시작될 수 있다. 이로부터 특히 1960년 올림픽에서 맨발로 승리한 아베베 비킬라가 나타날 수 있었다. 푸코는 "삶들을 이해하기 위해서 우리는 너무 많은 설명들에 의존하는 것 아닌가"라고 질문한다. 한 사람의 삶, 다시 말해 자서전, 더더욱 우연은 그 자신에 속하지 않는다.

에티오피아 양치기들의 마을에서 태어난 비킬라는 집안을 돕기 위해 황실 근위대에 지원했다. 고독한 삶—육상에 열정을 가진 스웨덴 사람에게 주목받기 전까지 그는 2년 동안 혼자 연습했다. 노동의 삶—그는 황실 근위대의 체육 가정교사가 되었다. 그는 아이를 지키는 양치기가 되었다. 벌거벗은 삶—그는 맨발로 연습을 했다. 이탈리아에서 열린 올림픽에서 그는 발에 맞는 신발을 찾을 수 없었다. 그는 맨발로 뛴 야밤 경주에서 2시간 15분 16초로 우승을 거머쥐었다. 검소한 삶—달리기 후에, 그는 물을 마시지도, 앉지도 않았으며, 추위 때문에 사람들이 그의 어깨에 두른 담요도 밀쳤다. 그리고 그는 가식도 주저도 없이 "황실 근위대 안에는 나 말고도 승리할 수 있는 다른 선수들이 많다"라고 말했다. 국가적 삶—그는 아프리카 흑인으로서 처음으로 올림픽에서 금메달을 획득한 선수였다. 그리고 그는 국가적 영웅이 되었다. 포상으로 차 한 대와 아파트를 받았다. 사고로 부서진 삶—몇 년 후 1964년 올림픽에서 다시 한번 우승했다. 하지만 얼마 후에 그는 교통사고로 입은 부상으로 달리기를 포기해야 했다. 그는 자신의 비틀 차 안에 갇혀서 움직이지 못한 채 밤을 지새웠다. 그리고 이른 아침 지나가던 한 양치기가 그를 발견하고 도움을 청했다. 부상 입은 삶—그는 8개월 동안 죽음과 사투를 벌였다. 그의 목은 부러졌고, 그의 다리는 쓸 수 없었다. 살아남은 그는 활쏘기, 휠체어 달리기 경주에 참여했다. 그는 절대로 멈추지 않았다. 그는 믿을 수 없는 존재가 되었다. 그의 장례식에서는 6만 5천 명의 사람들이 울었다. 마라톤맨, 바로 그였다.

마라톤은 가난한 사람들, 절대로 전적으로 빛에 접근하지 못하는 아무것도 아닌 삶들의 스포츠다. 그 삶들은 청빈의 서약을 했기 때문이다. 전 세계를 달리고, 세상의 모든 도시를 달린 이 삶들은 그들이 그곳을 지나가는 사람일 뿐이라는 사실을 배운다. 어느 날 마라톤이 프로 스포츠가 된다고 해도, 선수들이 유명한 세계적인 운동화를 신고 도전한다고 해도, 마라톤은 벌거벗음의 철학과 연결된다. 이 철학 안에서, 달리기란, 우리는 다만 지나가는 자일뿐이라는 것, 우리는 잠시 동안 체류하는 자라는 점을 경험하는 것이다. 달리기는 노획을 넘어서는 이행들의 힘이다. 우리는 지나가는 풍경들 안에서, 자기와 함께, 그러나 또한 자기를 따라서, 자기 바깥에서 달린다.

3.

처음으로

처음으로 나는 눈 속을 달렸다. 처음으로 나는 캘리포니아 태양 아래 산타바바라 만의 태평양을 따라서 달렸다. 그리고 200미터 해변에서 돌고래 무리를 발견했다. 처음으로 그리스 폴레간드로스 섬의 언덕에서 굴러떨어졌다. 처음으로 이비자의 태양 아래 가파른 언덕을 기어 올라갔다. 처음으로 버클리 언덕 위의 구불구불한 굴곡에서 샌프란시스코 만을 보았다. 처음으로 나는 옥스포드 근처에서 질주했다. 처음으로 나는 산 파올로 호텔 24층 카펫 위에서 달렸다. 처음으로 나는 토스카나 시골에서 사슴을 보았다. 처음으로 나는 길을 잃었다. 처음으로 나는 리스본의 언덕길을 자동 전차처럼 내려오기 전에 헐떡거리며 올라갔다. 처음으로 나는 함부르크 호수를 돌았다. 처음으로 나는 뮌헨 외곽의 고속도로를 건넜다. 처음으로 나는 런던 하이드파크에서 학생들과 달렸다. 처음으로 나는 한 시간의 달리기 끝에 퀘벡 시내에 도착했다. 그리고 나는 우스꽝스런 침입자처럼 보였다. 처음으로 미식축구팀이 연습을 하고 있는 운동장을 연속해서 돌았다. 처음으로 나는 밤에 니스의 영국인 산책로를 달렸다. 처음으로 툴루즈 가론 강가 도로에서 개 한 마리가 나를 막아섰다. 처음으로 나는 "파리"라고 적힌 표지판을 지나갔다. 처음으로 눈 내린 베를린의 숲에서 혼자 밤에 길을 잃었다. 처음으로 나는 동생과 함께 달렸다. 처음으로 나는 마라톤에 참가했다. 처음으로 나는 걸었다. 처음으로 나는 단거리 경주를 했다. 처음으로 나는 다른 주자에게 인사를 했다. 처음으로 한 여자가 달리는 것을 보았다. 처음으로 힘들게 풀로 덮인 오솔길을 다지며 달릴 때 루아르 강 한가운데에서 나타나는 작은 섬들을 보았다. 처음으로 나는 모래 위에서, 단단한 모래를 찾으면서 뛰었다. 처음으로 나는 딸들과 함께 조깅을 했다. 처음으로 나는 추월당했다. 처음으로 템스 강을 따라서 천천히 달렸다. 처음으로 달리기는 미친 짓이라고 생각했다. 처음으로 뮌헨의 영국정원에서 달렸다. 그리고 맥주를 마시는 사람들로 가득한 중국인 타워를 지나갔다. 처음으로 나는 다리를 삐었다. 처음으로 나는 다리에 쥐가 났다.

'처음'의 철학이 존재한다. 매번 달리기는 이전의 달리기를 지우고 새로워지고자 하는 시도다. 새로워진다는 것, 그것은 처음이라는 것이 전혀 없었고, 이번이 유일하다고 가정하는 것이다. 주자의 피곤은 새로운 것을 거머쥐고자 하는 의지에 의해, 유일한 것, 풍경, 하늘, 주변을 지각하고자 하는 의지에 의해 반박된다. 이 가능성이 주자의 희망을 만든다. 이 가능성은 계획된 그의 이동성(mobilité) 안에서 그가 올라탄 너머의 약속이다. 그러나 아무것도 명령에 속하지 않는다. 새로운 것은 경우에 따라 오기도 오지 않기도 한다. 10킬로미터 달린 끝에, 갑자기 태평양의 파란 하늘 아래 200미터 지점에서 돌고래의 지느러미가, 그리고 또 다른 돌고래들의 지느러미가 나타난다. 이것은 전혀 예상했던 장면이 아니다. 지금의 풍경은 전혀 예상하지 못한 장면으로 향한다. 마치 모든 것이 이 돌고래 무리로부터 조직되듯이 말이다. 처음은, 이미 시작된 모든 것은 어느 날 시작될 것에 절대로 미치지 못한다는 것을

30

의미한다. 시작은 절대적으로 새로운 것이다. 갑자기 쏟아지는
비처럼 말이다.

4.

나는 달린다 고로 존재한다

우리는 사유를 위해 새로운 장면을 요청한다. 부유하는 일상의 경험을 따라서 철학을 형성해야 한다. 더 지고하고 더 지배적인 철학을 솟아나게 하기 위해서가 아니라, 중요한 순간에 주자가 별 주의 없이 발설하는 삶의 교훈이 중요하기 때문이다. (이것은 다만 주자만이 아니다. 그것은 수영하는 남자, 자전거 선수, 무용가, 일하는 남자, 사랑에 빠진 남자, 실업자, 휴가를 즐기는 남자, 외국인 남자, 그리고 프레베르가 나열하는 이 모든 목록의 여성

형도 나열해야 한다.) 따라서 중요한 것은 이런 별난 "우리"를 형성하는 모든 종류의 주체의 무리, 출발선 뒤에 모여 있거나 흩어져 있는 무리다. 왜 달리는 사람들에 속해야 할까? 왜 허허벌판에서, 길에서 홀로 출발하는 것에 대해 등을 돌리지 않을까? 고독의 단계에서도 달리기는 선택으로 남는다. 달리기는 평범한 망상처럼 집요하다. 이것이 바로 우리가 달리기를 생각해야 하고 심지어 우리 시대의 사용법에서 허구처럼 이야기해야 하는 이유다.

주자이기도 한 필자의 이 책에서 우리가 질문하는 주자는 마라톤 전투 후에 아테네 사람들에게 소식을 전하기 위해 전력을 다한 그리스인이 아니다. 우리가 하고자 하는 것은 마라톤의 역사도, 달리기의 역사도 아니다. 물론 훌륭한 마라톤에 대한 책도 존재한다.[3] 그러나 중요한 것은 다음 수수께끼에 대답하는 것이다. 왜 우리는 달리는 주체로 사는 걸까? 우리가 반드시 스포츠는 아닌(스포츠일 수도 있는) 실천, 즉 달리기에서 우리의 삶을 동적인 것으로 생각하는 데 이르기 위해, 주체성은 어떤 변신을 겪을까? 따라서 문제는 달리기의 역사가 아니라, 동시대의 지도를 그리는 것, 즉 달리기를 위한 모든

---

3 Bernard Chambaz, *Marathon(s)*, Seuil, 2001을 보라.

활용 지도를 그리는 것이다.

　어찌 보면 달리기는 항상 더 동적이고, 더 유동적이고, 더 빠른 리듬을 강요하는 우리 사회의 신자유주의적 증상처럼 보인다. 달리지 않을 때조차, 우리는 주자들처럼 생각하도록 강요받는다. 우리는 위기의 시대라고 목이 마르도록 반복해서 말하지 않는가? 반면 걷기는 속도를 줄이는 하나의 방식으로, 고도의 정신 수행과 정신 고양을 위한 신체 단련을 함축하는 시대를 거스르는 관행으로 요구될 수 있다. 다른 측면에서, 주자를 마치 시대의 병처럼, 다시 말해 가장 강압적인 규범에 복종하는 주체로만 분석하면 잘못일 것이다. 달리기가 앞으로 나아가는 것이라면, 또한 동시에 자기 자신을 기획하는 인간의 모든 모습과의 관계에서 옆으로 발을 내딛는 것이다. 달리기는 증상 속에서 파악되지만 그것을 넘어선다. 다시 말해 달리기는 달리기의 환원 불가능한 모습들을 발명하면서 증상을 넘어서기를 그치지 않는다. 왜냐하면 다른 모든 선택이 고갈되고, 달리는 것 이외에 아무것도 남아있지 않을 때, 우리는 자신의 삶을 구하기 위해 달릴 수 있기 때문이다. 마치 쥐처럼, 우리가 쾌락을 위해 달릴 수 있는 것처럼 되지 않기 위해서, 자기 안팎에서 무슨 일이 일어나는지 보기 위해서, 자기 발견과 세계의 발견을 위해 출발하기 위해서, 보다 자신을 더 잘 알기 위해서 말이다.

『철학이란 무엇인가?』에서 들뢰즈와 가타리는 철학에 대한 소중한 언급을 정식화한다. 즉 "개념적인 인물들의 목록은 고갈되지 않으며, 결국 그것은 철학의 진화 혹은 변동 안에서 중요한 역할을 한다." 두 저자에게 개념적인 인물들이란 살과 피를 가진 사람들이 아니라, 철학적 규정을 설명하는 사유의 형식들이다. 최초의 철학자들이 살았던 그리스라는 작은 세계 안에서, 친구, 연인, 경쟁자는 철학적 문제들의 모범적인 체화라기보다는 철학의 극장을 가득 메운 인물들이며, 이 철학의 극장에 고유한 태도를 제시한다. 『정치학』에서 플라톤이 누가 도시를 지배할 수 있을까를 물었을 때, 그는 사유의 극장에만 속하는 경쟁자들의 세계를 솟아나게 한다. 그들은 자신을 사람들에게 봉사하는 자로 소개하는 다수의 사람들이다. 사람들을 먹여 살리는 농부, 그들을 보호하는 군인을 거쳐서, 그들을 치료하는 의사에 이르기까지, 매우 특수한 관점을 따라서 도시의 선(善)을 긍정하고자 하는 다양한 사람들이 등장한다. 들뢰즈와 가타리에게 이 사람들은 종이 위에 존재들, 사유의 사람들이다. 이들은 철학자가 높은 목소리로 정식화한 개념들을 명시적으로 설명한다. 그리고 이 개념들은 반드시 존재할 필요는 없다.

들뢰즈와 가타리는 사유를 위해 인물들이 모인 극장을 요구한다. 우리도 마찬가지로 우리의 인물들을 드러내고자 한다. 그러나 우리의 가설은 약간 비스듬하다. 왜 개념적 인물들이 진정으로 실재라는 것을 인정하지 않을까? 주자는 상상적 인물이 아니다. 우리는 아침 6시, 혹은 정오, 혹은 저녁에 시속 10킬로미터로 달리는 사람들을 본다. 그들은 짧은 반바지나 스타킹을 신고 달리는 예쁜 여자일 수도, 때때로 너무 큰 웃옷을 걸치고 뭐에 사로잡힌 듯 전진하는 길고 곱슬곱슬한 하얀 머리를 하고서 어딘지 알 수 없는 곳에서 튀어나오는 걸인일 수도 있다. 때로는 리듬에 맞춰서 소리를 지르는 그룹일 수도 있다. 그러나 중요한 것은 그들은 내적인 자신의 시간과 공간을 가지고 있을 법하지 않은 방식으로 나아가는 유일한 삶들이라는 사실이다. 이단적인 음모 속에서 주자는 움직인다. 이로부터 그의 이동성은 수수께끼처럼 우리를 동반한다. 그것은 우리 자신에 대해 무엇을 가르쳐 줄까?

개념적인 인물들이 실재가 되었을 때, 그것은 일상적인 삶 안에서 만들어지는 철학이다. 기쁨에 찬 사람들을 만나러 가야 한다. 삶의 긍정들은 무한하다. 들뢰즈와 가타리는 철학과 사유 사이의 경계를 여전히 유지하고자 한다. 그들에게 사람들의 머리와 삶 속에는 많은 사유들이 있다. 그러나 철학자는 개념들을 창조하는 유일한 사람이다. 바로 이것이 다른 모든 것과 구분된다. 철학적 삶은 있을 법하지 않은 서명들과 연결된 특별한 삶으로 남는다. 예를 들어 데카르트의 코기토, 라이프니츠의 모나드, 베르그손의 지속, 아리스토텔레스의 실체 등등. 그러나 우리가 불러내는 극장에는 작가가 따로 없다. 만약에 있다면 작가는 다수다. 그들은 책을 쓰거나 달린다. 그들은 아주 드물게 두 가지 모두를 한다. 그럼에도 불구하고 그런 일이 일어나기도 한다. 그래서 우리는 야외의 철학을 만들었다. 바깥의 즐거움은 다소 그 구성들을 방해했다. 그래도 우리는 그 철학을 희망한다. 만일 철학과 사유 사이의 이 경계가 아주 단순히 존재하지 않는다면, '어디나(partout)'의 철학이 있게 될 것이다. 그리고 우리가 조금만 생각하면 바로 우리는 일종의 철학을 획득한다.

주자는, 홀로 뛰는 달리기에서 혹은 여러 명과 같이 뛰는 달리기에서 보통 우리가 생각하는 것과는 달리 높거나 낮은 목소리로 많은 생각을 한다. 이렇게 그는 휴대할 수 있는 철학을 건설한다. 이런 철학의 장점은 어디서나 재검토할 수 있다는 것이다. 종이 위에 그것을 쓸 필요도 없다. 피곤해서 생각이 더 이상 가능하지 않을 때, 그것은 몇 킬로미터 후에 파괴될 수도 있다. 그러나 운이 좋게도 그것이 샤워의 순간까지 지속뒤다고 해도, 그에게 살아남는 것은 드문 일이다. 왜냐하면 이미 신체는 새로워지고, 이전의 삶은 다시 시작할 수 있기 때문이며, 아스팔트 위에서 반복된 충격에서 태어난 가장 숭고한 사유들은 단지 죽은 별들, 헛된 호언장담과 같기 때문이다.

이런 덧없는 철학이 구성될 수 있는 가능성은 유약함이라기보다는 오히려 대단한 행운이다. 전문적인 철학자가 요소들 간의 기능적 관계 속에서 사유를 창출한다면, 일요일마다 달리는 아마추어 철학자는 그와 같은 제한에 구속되지 않는다. 그는 가설들을 일관되고 정돈된 계획 속으로 들어가게 하지 못하는 만큼 더더욱 쉽게 가설들을 발명할 수 있다. 가설 창출이라는 이 기술은 주자–철학자에게 큰 행운임에 틀림없다. 그는 거리를 취하기 위해 필요한 이념들을 발명한다. 아니 차라리 이념들이 그의 머리에 떠오른다. 그 생각들이 여러 사람과 자유롭게 논의되지 않는 한에서, 그것들은 그의 고독을 늘어나게 할 수도 있다. 그러나 이 전문적인 철학자와 아마추어 철학자 사이의 구분을 심각하게 고려할 필요는 없다. 사실, 사태는 겉보기보다 더 미묘하다. 이 가설들이 대개 끝까지 달리기 위해 사용되는 것과 다른 용도가 없다고 할지라도, 경우에 따라서, 덜 덧없는 사유들을 위한 움직이는 실험실로 사용될 수 있다면 말이다. 나의 책들 속에 도입한 모든 사유들은 이렇게 이러한 이동성의 테스트를 거친 것들이다. 더 나아가 이 생각들은, 위험을 경고함이 없이, 대개 달리면서 온 것들이다. 만일 주자가 집으로 돌아와서도 가치 없는 가설들과 다른 가설들을 구분할 것이 남아있다면, 이러한 철학적 발명의 가능성은 시속 12킬로미터의 리듬에서 검토된 것이다. 달리기에 대한 현재의 작업도 이 규칙을 벗어나지 않는다. 달리는 것은 달리기에 대한 사유들을 발명하는 데 있다. 그리고 이 사유들 중 몇몇은 달리기에서 살아남을 수 있다.

『즐거운 지식』서문에서 니체는 진리와 정신의 세계가 아니라, 건강과 신체의 세계를 해석할 수 있는 의사−철학자의 도래를 요청한다. 우리는 그보다 덜 엄숙한 방식일지라도, 시속 12킬로미터로 달리는 사유의 기술을 요구하는 주자−철학자의 도래를 요청할 수 없을까? 이 허구를 해방하면서 일상의 극장은 우리 눈앞에서 펼쳐지고, 명증성들과 구분들을 뒤죽박죽으로 만든다. 결국 우리가 전념하는 것은 장거리 주자 안에서 철학자의 초상을 상기하면서다. 여자들, 남자들, 어쩌면 몇몇 외계인들, 스포츠의 전설들, 익명의 사람들을 불러내면서 말이다. 특히 익명의 사람들을 생각하면서 말이다.

5.

경험의 욕망

　이것은 책이 아니라 실험일 뿐이다. 42개 정거장과 200여 개 단어들 안에서, 예를 들어, 마라톤과 같은 달리기에 독자들을 초대하면서, 스스로 마라톤 주자가 되어서, 달리기의 극장을 전개하는 것은 책과 저자의 근엄한 참조의 형식에서 벗어나고자 하는 것 이외에 다른 의미를 갖지 않는다. 중요한 것은 글쓰기의 형식을 가지고 다른 것을 하는 것이다. 다시 말해 글쓰기의 형식을 일종의 예상치 못한 활용에 열려있는 휴

경지 안에 내버려 두는 것이다. 주자는 확실히 저자를 찾아가는 인물이다. 사람들이 그의 공인된 성과들로 데려가기 위해 그의 손을 잡아주기를 기다린다는 의미에서가 아니라, 그가 저자로서의 자격을 반박하는 한에서 말이다. 이런 관점에서 주자는 탈주의 절대적 원리다. 주자는 텍스트적 일관성을 피하고 작가는 그를 따르기가 어렵다. 작가는 자신 뒤에 가정적으로 남겨둔 흔적들의 함정—베르그손의 철가루 안에 삶 없는 자취들, 가장 정확한 생성이 아니라 경험에 의거한 구성의 함정—에 빠진다. 권위주의적으로 대상을 자기화하는 이런 주체가 되지 않기 위해서는 자기 스스로 달릴 필요가 있다. 또한 이 희극이 정돈된 행렬이 아니라, 즐거운 카니발의 우스꽝스런 자태를 따를 수 있도록, 다양한 리듬을 따라 지나가게, 지치고 피곤하게, 많이 고통스럽게, 즐겁게 내버려둘 필요가 있다. 장거리 주자 안에 철학자의 초상은 전혀 표면을 무시하지 않는다는 것을 함축한다. 달리기에서 중요한 것은 현장의 탐사, 프로그램되지 않은 생성의 전개. 우리가 공간 속에서가 아니라 시간 속에서 달린다는 것을 상기하는 것, 또 정신과 신체의 이중성은 문턱의 일이라는 사실을 상기하는 것은 언제나 가능할 것이다. 우리는 그것을 연속적인 시퀀스 안에서 할 것이다. 본질적인 것은 어쨌든 다른 곳에 있다. 시간과 공간을 탐험하는 작은 기계를 발명하는 것은 책 한 권을 쓰는 것과 전적으로 다른 것을 전제하며, 경험을 구성한다는 조건에서만 의미를 가진다.

우리는 여전히 경험을 할 수 있을까? 이것을 위해 아마도 움직이는 것으로, 한 켤레의 신발을, 또 가능하다면 "헐렁한 운동복"을 준비하는 것으로 충분할지도 모른다. 우리는 우리 자신보다 이미 더 오래된 세계 안으로 들어간다. 발터 벤야민은 근대의 문턱에서 경험의 가치는 추락했고, 우리의 경험은 가난해졌다는 사실을 확인했다. 예술에서 아우라를 제거한 예술의 복사와 연결된 예술의 탈신성화는 공통의 경험이 사라진 세계 안에 존재하는 새로운 방식의 요소들 중 하나의 요소일 뿐이다. 다른 요소인 소설은 이야기(conte)의 우위를 점하면서, 공통의 척도 없이 주인공의 헛된 고독을 긍정하기에 이른다. 발터 벤야민의 교훈은 우리 시대의 증가된 급박함으로부터 온다. 전달할 것도 받을 것도 없다. 다시 말해 이야기의 붕괴는 내일을 기다리지 않는다. 허무주의의 시대가 조악한 영웅들과 가짜 챔피언들과 더불어, 문화 산업의 급속한 회전 안에 얽혀서, 이제 거대해진 동굴 안에 단순한 그림자들로 열린다. 만일 우리가 그것에 주의하지 않는다면, 여기서 시도하는 달리기에 대한 변명은 경험의 가치가 추락하는 가장 선명한 신호라고 말하는 것이 항상 가능하며, 이 방향으로 갈 위선적인 독자들, 우리의 형제들이 그것에 대해 말할 기회를 놓치지 않을 것이다. 따라서 찬양할만한 의미 형성의 시도, 조상 대대로 내려오는 규범 구축의 기획에서 탈출해야 한다. 오락에 대한 공허한 기술은 이미 그 자체로 결정적으로 무의미, 난센스로의 전향을 증언한다. 그럼에도 불구하고 우리가 도달하려는 것은 궁극적으로 경험에 대한 고집스런 전개와 다른 것이 아니다. 요약하면 들뢰즈가 어떤 것이 일어나고 무언가 도달하는 "내재성의 구도"라고 말하는 것을 재건하는 것이다. 바로 여기에 내기가 있다. 그래서 우리는 책과 다른 것이 필요하다. 바로 이런 조건에서만 작가를 찾는 모든 인물들은 계획된 의도 없이 무대에 설 수 있다. 우리는 이 인물들 중 최종적으로 몇몇 이름들만을—그것이 명예로운 이름이든 익명이든, 전설적인 이름이든, 알려지지 않은 이름이든—간직했다.

이것은 책이 아니라 경험의 욕망이다. 발터 벤야민의 마술적 공식을 취소하는 데 필요한, 젊음을 해방하기 위해 모든 광적인 젊음을 누르는 뚜껑을 걷어내는 데 그 목적이 있는 경험의 욕망이다. 이제 요구해야 할 것은 다음과 같다. 마라톤 주자가 거쳐 가는 42개의 정거장에 만들어진 움직이는 극장은 궁극적으로 하나의 실험을 솟아나게 하는 데 봉사하지 않을까? 어쩌면 하나의 경험 이상의 것을 솟아나게 하지 않을까? 왜냐하면 발명해야 하는 지도는 가능한 경험들의 영역을 그리기 때문이다. 그러나 작은 것, 저 아래 사소한 것으로부터 사물들을 생각하는 것은 또한 지고한 자유의 지배를 엿보는 것이다. 주디트 르벨(Judith Revel)은 실험에 대해 다음과 같이 말한다. "실험은 체제로서 정치에 반한 것이다. 실험은 사소한 것들 안에 둥지를 튼다. 실험은 아래로부터 구성된다. 실험은 반복되고 다시 시작한다."[4] 달리기와 더불어 우리는 사물들 한가운데, 모든 것이 다시 시작할 수 있는 미세운동 안에 내던져진다.

우리는 다시 한번 경험을 만들 수 있기를 바라는 시대에 산다. 우리에게는 어떤 지도도 없다. 모습들을 탐험해야 하고, 그 모습들이 이끄는 곳을 봐야 한다. 추정되는 소소한 모습들을 염려함이 없이 혹은 그 모습과 거대 서사와의 호환성을 염려함이 없이. 우리는 우리 시대의 허구들을 써야 한다. 그것에 속아 넘어감이 없이. 경험의 가치를 다시 열기 위해서.

4　"Expérimentation", in *Dictionnaire politique à l'usage des gouvernés*(『피지배자의 정치사전』 중 "실험") dir. Fabugère et Guillaune le Blanc, Bayard, 2012, p. 240.

6.

하찮은 것?

달리기는 무엇보다도 가장 하찮은 것이라는 사실을 단연코 말해야 한다. 그리고 누가 주자의 손에 즉시 이용할 수 있는 철학을 제시하면서 그를 구하러 오는지, 그것이 사태를 만회할 수 있는 어떤 사유인지 찾지 말자. 그것이 무엇이든지 간에 그는 그것을 필요로 하지 않는다. 교훈을 주는 자는 즉각적으로 그만 두고 그 자리를 떠나야 할 것이다. 하찮음이 전혀 정당화를 필요로 하지 않는 한에서 말이다. 하찮음은 순수한 쾌락으로 자신을 느낀다. 몰두는 아주 단순히 우리가 다른 곳에서 발견하지 못하는 쾌락을 찾는 것이다. 그것이 전부다. 그로부터 우리는 항상 왜 이런저런 대상 때문에 걱정해야 하는지 자문할 수 있을 것이다. 하찮은 것이 결국 진지한 것일까? 우리에게 필요한 것은 달리기의 철학이 아니다. 이런 자격으로, 실천만큼 철학이 있을 것이다. 수영의 철학, 서핑의 철학, 자전거의 철학 등등. 철학자 벵상 데콩브[5]는 사유 영역의 이러한 무제한적인 확장을 비웃는다. 그는 거기서 매일 사유에 대상이 주어지기 때문에 스스로 보잘 것 없다고 여겨지는 사유의 치장을 보았다. 시대적 분위기의 철학! 그에 의하면 최악의 철학. 정말 그렇게 확실할까? 주변의 세계 때문에, 대상들과 실천들의 하찮음 때문에 우리는 염려해야 할까? 어떤 것은 미리 사유가 될 자격이 있고, 다른 것은 그렇지 않다고 누가 선언할까? 누가 철학 안에 분위기, 영향력을 제정할까? 스탠리 카벨[6]과 더불어 사유가 자신의 오만을 포기하는 서약을 해야

5   Vincent Descombes, *Philosophie par gros temps*(『격동의 철학』), Min-
uit, 1989, p. 12–13.

6   Stanley Cavell, *Un ton pour la philosophie: moment d'une
autobiographie*(『철학을 위한 어조: 자서전의 계기』), trad. Sandra
Laugier et Elise Domenach, Bayard, 2003, p. 27.

한다.

실제로, 내기는 실재의 모든 면을 명명하는 것도, 언어 안에 세계의 집기들을 배가하는 것도, 모든 실천을 명명하는 것도 아니다. 내기는 차라리 사유를 습관적인 것으로부터 떼어내면서, 마치 법정 앞에서처럼 사유에 저항하는, 수수께끼 같은 모습들을 불러내면서 사유를 촉발하는 것이다. 도망자, 여자 꽁무니를 쫓아다니는 사람, 육상선수, 육상협회 회장 모두는 실제 실루엣의 그늘에서 그들의 이동식 극장을 전개한다. 이것은 모든 주기적 불안정성, 우회 없이 강요되는 가상의 놀이다. 때때로 하찮음은 그 절정에 이른다. 즉 우리는 이유 없이 달린다. 단지 살아있다는 것을 느끼기 위해, 세계, 지나치는 풍경, 내리는 어둠, 피부로 느끼는 추위, 눈 위로 쏟아지고 땀, 몸에 달라붙은 피로 등과 연결되어 있다는 것을 느끼기 위해. 왜 이 모든 것을 할까? 우리가 달리기는 데에 이유가 없다고는 말할 수 없을 것이다.

철학자 집단은 오랫동안 이 하찮은 것을 파괴하는 데 자신을 사용해 왔다. 왜냐하면 하찮은 것은 간헐적으로 반짝이고, 불안정하게 타오르고, 존재와 비존재를 분리하는 데 이르지 못하는 허상으로서 사물들의 표면으로 미끄러지기 때문이다. 플라톤 이래로, 본질에 대한 사랑으로 하찮음에 대한 사랑은 유지할 수 없었다. 필연, 빛나고 명상할만한 가치가 있는 지나가지 않는 것, 부동의 이념만이 절대적으로 바람직한 것처럼 보였다. 따라서 다가오고 사라지는 참을 수 없는 하찮음, 피상적이고 빈약한 하찮음이 존재한다. 따라서 달리기의 '하찮음'은 사유에서 그 용례를 찾아볼 수 없는, 딱 한 번 사용된 낱말(hapax)과 같다. 어떻게 이 말 아래 놓인 진지함을 파괴하지 않고 이 말을 취할 수 있을까? 이 지점에서 주자는 한순간 달리기의 철학은 결국 둥근 네모를 발명하는 데 이른다고 상상하는 반−철학자가 된다. 그러나 결국 "철학을 비웃는 것이 진정한 철학"(파스칼)이라면, 우리는 주자에게 명예를 돌려주기 위해 그를 진지하게 취급하면서 철학을 비웃을 수 없는가?

　하찮음이 진지함이 된다면, 그것은 수수께끼가 된다. 우리가 그것에 집착하고, 우리가 그것을 소중하게 여기고, 우리가 절대적으로 달리러 가고자 한다면, 그것은 집착이거나 그것과 유사한 것이 된다. 이런 상태에서 누군가에게 달리기의 하찮음은 진정한 것이 된다. 왜 하찮음은 몇몇 사람들에게 이런 집착이 될까? 설명의 서랍장을 열면서 우리가 불러낼 수 있는 무수한 가설들이 있다. 사회적인 규정들, 이동성의 사회적 충동으로 가득한 사회학적인 서랍, 동기와 의지의 분석이 번성하는 심리학적인 서랍과의 논쟁. 그러나 이 모든 것이 그렇게 멀리 나아가지 않는다는 것은 확실하다. 왜냐하면 우리는 곧바로 설명할 수 없는 것의 감춰진 신비들로 다시 인도되기 때문이다. 더 이상 설명이 통하지 않는 순간이 곧 올 것이기 때문이다.

형이상학은 깊거나 그렇지 않을 것이다. 그러나 그 깊이는 우리가 그것을 획득하게 될 길 위에, 그 표면에 있다. 우리는 동적인 다양한 출현들이 사라지는 놀이 안에서 신체를 통한 주자의 형이상학을 상상할 수 없을까? 다시 한번 일상의 세례! 그리고 일상의 이러한 유혹이 가져오는 예고된 죽음을 우리에게 미리 알려주는 모든 도덕주의자는 어쩔 수 없다. 왜냐하면 프로이트가 이해한 것처럼, 우리가 알 수 없는 어떤 기괴함 안에 서정적 비상이 아니라, 반복적 강박에서 유지되는 "일상에 대한 낯선 염려"가 존재하기 때문이다. 일상의 반복은 일상을 안정시키는 데 기여한다. 그러나 그것은 또한 우리가 유지하는 반복이라는 사실 그 자체에 의해 삶의 욕구 가능성의 토대를 세운다. 따라서 하찮음의 반복보다 더 탁월한 실존의 증거는 존재하지 않는다.

카뮈는 『시시포스 신화』의 초반부에서 한 사람이 더 이상 매일 면도하기를 원치 않았기 때문에 자살했다는 사실을 지적한다. 그 동기는 의심할 바 없이 가장 그럴듯한 이유들 중 하나다. 반복을 지속하는 것은 분명 삶을 유지하는 것이다! 반복이 불가능할 때, 삶은 끝장이다. 그럼에도 불구하고 반복과 반복이 있다. 기계적인 면도의 반복, 자기소개의 사회적 규범의 체화는 사실 달리기의 반복이 아니다. 후자와 더불어 하찮음은 필연성 옆에 한 자리를 자신의 것으로 만든다. 여기서 하찮음의 진지함이 발견된다. 반복은 마치 중요한 것처럼 가장 무의미한 제스처를 강요한다. 삶은 이유 없는 제스처의 긍정 속에서만 유지된다. 달리기와 같은 하찮은 행동의 반복은 순수한 우연을 반짝이게 하기 위해 삶이 전적으로 기계적이고 자동적인 제스처의 생성에서 빠져나오는 것을 가능하게 한다. 삶은 우연을, 아무것도 아닌 것이 아니라 무엇인가로 만들면서 예술 작품이 된다. 이때 하나의 제스처의 전개는 삶의 스타일화와 같다. 하찮음은 고통과 같다. 왜냐하면 모든 삶의 우연의 영역이 폭발하기 때문이다.

7.

장거리 주자 안에 철학자의 초상

철학책을 여는 것은 느림, 제자리, 부동의 여행, 그와 유사한 경험을 하는 것이다. 철학자의 숲에서 우리는 걷고, 독자로서 한 발 한 발 나아간다. 마치 큰 칼을 들고 원시림 안에 길을 내야 하는 탐험가인 것처럼 말이다. 그리고 조금씩 천천히 길이 만들어진다. 누구도 더 이상 어디로 나아가야 하는지 모를 때, 만들어진 길은 끈질기게 희망봉이 된다. 오랫동안 철학은 느림의 시금석으로 느껴졌고 분석되었다. 세상이 열광할 때,

억제의 부름은 군단이 되었고, 철학은 명상, 인내력으로서 요청되었다. 인터넷에서 비물질적인 정보들이 빠르게 회전하는 오늘날의 흐름, 자본의 이동, 속도 여행은 강력한 해독제로서 영원한 철학의 그리스적 느림을 요청한다. 고대 전쟁의 분노, 상인들의 열광 그리고 아고라의 정치적 흥분에 대한 응답 속에서 그 시대를 파악하는 것이 중요했다. 걷기의 리듬은 타인들, 사물들 그리고 세상과의 정확한 관계를 가능하게 해 왔다. 그리고 걷기는 말의 잠재력을 손상하지 않은 채 보존하기 위해, 기름칠이 잘 된 사유의 역학 안에서 잊힐 수 있는 사유의 인질로서 신체를 제시해 왔다.

플라톤이나 소요학파 철학자들은 보통 둘이 나란히 걸었다. 주변의 열광에 의해서는 절대로 포착되지 않는 큰 목소리로 주고받는 대화의 한 판 경기는 스승과 제자 간의 관계로 들어갈 수 있었다. 두 철학자의 걷기는 명증성의 연습이 되고, 가상들은 지나가고, 결국 걷기는 장사꾼의 허풍, 시인의 낭독, 웅변가의 연설 등에 의해서는 파악되지 않는 확실성이 된다. 선과 진리로 향하는 철학의 걷기를 흔들기 위해서는 그 이상의 것이 필요하다. 철학자는 기꺼이 자신을 산책자로, 자신의 신체의 무게를 가지고서도 자신의 사유의 힘을 음미하기를 망설이지 않는 사람으로 자청한다. 걷기는 서두르지 않고 시간을 가지고 검토하기 위한 최상의 보장이 된다. 사물의 주변을 서성거리는 것은 걸음을 재촉하지 않는 누군가에게만 가능하다.

따라서 최초의 장면은 산책자에 의해 칭송되는 느림의 장면일 것이다. 산책자는 산책하는 동안 사물을 파악하고 표면의 반짝임을 관찰하고, 그것들을 검토하고, 경우에 따라서는 그것들을 의심하는 여유를 가진다. 사물들의 교훈은 철학자–산책자를 찾아가는 것이다. 아리스토텔레스는 바닷가를 걸었다. 그는 성게를 관찰했고, 어쩌면 그는 그것을 조심스럽게 손에 들고 대낮의 태양 아래에서 있을 법하지 않은 그늘을 찾기 위해 조심스럽게 다른 바위로 이동하면서 계속 관찰했을 수도 있다. 시노페의 디오게네스는 통에서 나와서 아고라를 벌거벗은 채 산책했다. 그는 지나가는 사람들에게 욕설을 퍼붓고, 그들을 개처럼 취급하고, 누구도 인간으로 간주하기를 거부했다. 철학자는 걷는 자다. 즉 자신의 발과 영혼의 일치를 확인하는 자다. 이 느림의 도움으로, 철학은 대화를 꿈꿀 수 있었다. 철학은 밀사들을 서둘러 보냈다. 플라톤의 동굴 안에서 죄수는 그의 쇠고랑에서 해방되었을 때 서둘러 뛰어나가지 않는다. 그는 탈주병도 도망자도 아니다. 그럼에도 불구하고 그는 서둘러야 할 수많은 이유를 가졌을지도 모른다. 그러나 그는 주저하는 자로 나타난다. 이 주저는 걷기로 변형되지 절대로 달리기로 변형되지 않는다. 이것은 플라톤이 동굴에 갇힌 죄수들의 삶의 조건을 보여준 후에, 『공화국』 7권에서 우리에게 제시하는 시나리오다. "매번 죄수들 중 하나가 풀려날 때마다, 그는 갑자기 일어나서 태양을 향해 머리를 돌리고 태양을 향해 걷고 태양을 바라봐야 한다."[7] 걷기는 죄수의 자연적 상태로서 제시되지 않는다. 죄수는 우선 자신의 해방을 일종의 고통으로 감지한다. 그 고통은 반드시 태양 쪽을 바라봐야 하는 새로운 제한이다. 그 고통은 변경될 수 없고 사물의 진정한 질서를 회복해야 하는 방향을 고정한다. 이런 조건에서, 사물들의 진정한 모습은 동굴 속의 그림자를 가진 가상들과는 구분될 것이다. 그리고 영혼은 인간 삶의 가장 소중한 기관이 될 것이고, 가상들로부터 도망치는 무리들 저쪽에 변화하지 않는 이념들과의 다리를 세울 것이다.

　　풀려난 죄수를 달리게 하는 것이 아니라, 걷게 하는 것은 그렇게 당연한 것처럼 보이지 않는다. 왜냐하면 동굴 깊은 곳의 그림자는 우리를 두렵게 하는 만큼이나 우리를 사로잡기 때문이다. 이러한 그림자의 마법을 물리치는 것은 줄행랑을

7　플라톤, 『공화국』, 7권, 515c.

함축할 것이다. 도망치는 죄수를 상상하는 것이 그에게 감속을 강요하는 것보다 더 사실적이기 때문이다. 그러나 철학함은 그 대가로 존재한다. 철학은 장애물 달리기가 아니다. 달리기는 감각적인 것 안의 무제한적인 분산이다. 여기서 신체는, 자신의 극장, 즉 자신의 그림자놀이와 인형놀이를 창출할 수 없는 무능 속에서 이동의 인질로 자신을 상상하는 정신을 앞선다. 진짜 철학자와 가짜 철학자, 자연적인 것과 의견을 좋아하는 것을 구분하기 위해 상상하는 이 모든 시험은 진짜 철학자는 적절한 속도를 유지하고 서두르지 않는다는 것을 확인하는 데 있다. 철학자가 젊어서 운동을 하게 된다면, 그것은 신체를 단련하기 위해서고, 감각적인 세계가 그에게 던질 미래의 유혹 앞에서 그가 냉정하게 머물 확고한 가능성과 그의 욕망을 소용돌이치는 동적인 욕구들의 영역 바깥으로 던져버리고 이념들의 지고한 조용함을 획득할 가능성을 주기 위해서다. 여기에 핵심이 있다. 이념들은 부동하며, 이동성은 현상들의 거짓 무한이며, 현상들과 이념들의 부동의 초월성, 차분한 냉정함을 대립시켜야 한다. 걷기는 부동성의 연구로 우리를 이끄는 자연적 발판이다. 걷기는 신체를 뒤죽박죽으로 만들지 않으며, 걷기는 정신이 거의 신적이며 초인적인 삶을 우리에게 허락하는 이상적인 형상들을 정복할 수 있는 신체의 상태를 유지한다. 소크라테스가 향연에 초대받아 기꺼이 철학을 할 때, 향연을 길지 않은 길을 동료와 산책하며 대화하는 계기로 삼은 것은 전혀 놀라운 일이 아닐 것이다. 걷기를 강조하는 것은 철학의 배움이 유비적으로 진리를 향한 걷기와 같기 때문이며, 철학이 정신의 건강과 관련이 있듯이 걷기는 신체의 건강과 관련이 있기 때문이다. 우리가 알듯이, 산책, 걷기는 히포크라테스 문학 안에서 균형을 선호하는 의학적 기술들이며, 병과의 투쟁을 가능하게 한다. 만일 철학이 진리로 향하는 걷기라면, 걷기는 유비적으로 영혼의 의사가 된다.

철학으로 나아가는 이 걷기에 반해서, 철학에서 이 최초의 장면을 떼어내고자 하는 것, 철학에 새로운 모습을 부여하고자 하는 것은 비합리적이고 전혀 철학이 아닌 것으로 보일 수도 있다. 이것은 철학을 잘못 인도하는 것일까? 그러나 방향 상실은 여전히 걷기에 의존한다. 『사유 안에서 방향설정이란 무엇인가?』에서 칸트는 영악한 천재가 왼쪽에 있던 사물들과 가구들을 오른쪽으로 옮겨 놓으면서 방의 질서를 바꿨다고 상상한다. 철학자에게서 모든 빛을 제거하면, 철학자는 컴컴한 방 안을 더듬으면서 걸어야 하고, 방의 질서를 재구성하기 위해서는 손을 뻗어야 한다. 사유의 질서는 외적인 관계에 의존하지 않는 공간 감각 능력 덕분에 다시 태어날 수 있다. 또한 걷기 덕분에 다시 태어날 수 있다. 철학자가 어두운 방을 뛰었다고 상상해 보자. 분명 그것은 피할 수 없이 대상들과 부딪치고 대상들을 넘어트리는 광기일 것이다. 그것은 길들여지지 않은 갇힌 짐승과 유사할 것이다. 그것은 죽음에 이르기까지 모든 것을 유린할 것이다. 그럼에도 불구하고 이런 위험을 무릅써야 하지 않을까? 만일 우리가 그런 위험을 무릅쓴다면 우리는 확실히 부상을 입을 것이고, 우리는 삶에서 피할 수 없는 소여, '상처받을 수 있음'으로 인도될 것이다. 모든 주자들은 이 상처받을 수 있음에 노출된다. 그러나 철학하는 태도를 변화시키면서 철학의 방향을 상실하게 하는 것이 어쩌면 진정으로 철학하는 것일지도 모른다. 어쨌든 상황은 칸트에게 유리하다. 영악한 천재의 이 이상한 방문 이후에도 철학자의 방은 여전히 너무 익숙한 방이다. 방은 또한 너무 좁다. 자신의 방에서 철학하는 것은 확실히 걷기라는, 더듬으면서 걷는 제한된 상태와 비교될 수 있다. 그러나 철학하는 태도의 변화는 제한된 공간의 이러한 최초의 소여의 붕괴를 함축한다. 사실 칸트는 식사 후에 매일 산책을 반복하면서 고의적으로 자신을 연출한 걷는 자였다. 두 번의 예외를 제외하고 말이다. 한 번은 그가 루소의 『사회계약론』을 구했을 때이고, 다른 한 번은 그가 산 신문에서 프랑스 혁명을 알리는 기사를 보았을 때였다. 그러나 산책로의 변경으로 철학하는 태도의 변화는 일어나지 않는다. 그러나 미래를 향한 미친 질주가 아니면 무엇이 혁명일까? 진화의 습관적인 진행이 절대로 예상할 수 없는 리듬의 변화가 아니면 무엇이 혁명일까?

8.

형이상학의 실험자

주자에게는 자신의 신체가 더 이상 자신의 것이 아니며, 자신의 정신도 더 이상 자신의 것이 아니라는 것을 예감하는 어떤 순간이 도래한다. 그는 거리에 있다. 전적으로 안도, 전적으로 바깥도 아닌 자리매길 수 없는 상황, 주자만의 세계인 하나의 세계 안에 존재한다. 여기서 속함은 더 이상 어떤 의미도 없으며, 공간과 시간은 여기와 지금의 독재에서 정돈되지 않는다. 비−주자들이 주자들에게 던지는 질문—"왜 달립니까?"—은 아마도 가장 철학적이고 가장 어려울 것이다. 이미 우리는 모든 대답을 안다. 자신을 더 잘 느끼기 위해, 자신을 해방하기 위해, 스트레스를 덜 받기 위해, 신체상으로 더 좋은 기분을 느끼기 위해 등등. 이 대답들은 심리적인 것들로서, 상투적인 이 모든 대답 뒤로 돌아오는 존재론적 주장을 건드리지 않는다. 달리기에는 이유가 없다. 그러나 달리기가 다만 우연이라면, 그 존재가 아무것도 확인하지 않는다면, 어떻게 달리기를 설명할 수 있을까?

주자는 염려하거나 당황하지 않으며, 자기 자신도 모르게 형이상학을 실험한다. 마치 다른 이들이 포도주를 음미하거나, 신상품의 견고성을 연구하고 충격의 효과를 결정하기 위해 추운 창고에서 자동차 충돌 실험에 전념하듯 말이다. 주자가 형이상학을 실험한다는 것은 옷 가게에서 옷을 입어보는 것처럼 실험한다는 것을 의미한다. 그러나 참을성이 없는 손님처럼, 그는 그것이 맘에 들지 않으면 주저하지 않고 내려놓는다. 따라서 달리기는 사회학적으로 실험된 활동으로 환원되지 않는다. 달리기는 세계화된 흐름들 안에 자신의 자리를 가지는 삶의 여가이기도 하다. 그러나 그것은 또한 다른 식으로 접근해 파악될 수도 있다. 달리기는 동적 장치, 즉 형이상학을 실험하기 위한 유연한 장치다. 그런데 형이상학은 도대체 무엇일까? 그것은 삶을 삶으로 만드는 전제들의 합이다. 예를 들어 왜 삶은 충격을 견딜까? 무엇이 삶을 움직이게 할까? 삶은 어떤 내적 힘을 가질까? 영혼과 신체는 분리될까? 삶은 시간 속에, 공간 속에, 아니면 시공 속에 살까? 따라서 주자의 전제는 형이상학적이다. 주자는 무수한 전제들을 실험하는 실험자다. 아무것도 그에게 저항하지 않는다. 다만 때때로 그의 신체가 무너지고, 그의 신체가 그와 함께 무너지는 것을 제외하고 말이다. 이것은 영혼과 신체가 분리되어 있지 않다는 증거이고, 그 둘이 푸가 안에서 연결되어 있음을 보여주는 증거다. 물리, 현상의 명증성, 나타남들의 지속성에서 획득된 세계 안에서 주자는 지속적으로 감각적인 것을 통과하고, 다른 무대 위에서 움직이는 것처럼 보인다.

따라서 감춰진 세계의 지배 안에서 주자를 생각하는 것은 정확하지 않다. 몸에 달라붙는 운동복과 공기쿠션이 들어간 형광색 운동화로 잘 차려입은 영웅적인 주자의 활력은 풍경 속에 달라붙고, 심지어 잘 먹고 잘 사는 사람의 표시인 거만함을 가지고 지속된다. 그러나 세계 안에 어떤 존재자도 그를 움직이지 못하게 하고 감금할 정도로 강하지 않다. 주자는 주변에 무엇이 있든 지나간다. 그는 정지할 때까지, 집으로 돌아가기로 결심할 때까지 지나갈 것이다. 따라서 그는 나타나는 것들을 다만 지나가지, 그것들 중 어떤 것에도 굴복하지 않을 것이다. 바로 여기에 주자의 최초의 형이상학적 증명이 있다. 그러나 반드시 그는 이 증명의 승자가 되는 것은 아니다. 왜냐하면 달리기는 계속 달리기를 결심하는 것이기 때문이며, 모든 순간에 그만두는 것이 가능하기 때문이다. 바로 여기에 중요한 선택이 있다. 즉 달리느냐 달리지 않느냐는 지루한 반복이 아니다. 그 결과는 주자의 발아래서 전개되는 영원한 끈이다. 이 잔인한 선택의 망각은 황홀 혹은 은총이라고 불린다. 이 선택의 영원한 상기는 무거움 혹은 짓눌림이라고 불린다.

달리기는 이 양극성에 열려있으며, 피할 수 없는 이 형이상학적인 두 가지 선택을 드러낸다. 그것은 무슨 일이 일어나든지 상관없이 파스칼의 내기와 같은 가치를 가진다. 다시 말해 주자는 계속해서 달릴 것을 전제한다. 그러나 그는 그것에 대해 전혀 아는 바가 없다. 다만 마지막에 그는 자신이 달렸다고 말할 수 있을 것이다. 샤워를 하면서 그가 가벼움을 느낀다면, 그것은 성취된 일의 가벼움이다. 그러나 이 끝은 미리 주어지지 않는다. 이것이 달리기의 아름다움이다. 어떤 지식도 미리 주어지지 않는다. 따라서 달리기는 어떤 일이 닥칠지 알 수 없는 사건이다. 그 사건은 누구도 미리 무엇인지 결정할 수 없는 것이며, 누구도 그 끝에 이를 때까지 말할 수 없는 것이다.

우리는 이동성의 상태가 함축하는 물리적, 생리학적, 신경학적 회로들을 불러낼 수 있다. 그러나 한 발 한 발 계속 내딛는 것, 지속적인 이동성의 도래는 미리 결정되지 않는다. 여기에 달리기의 지고한 내기, 다시 말해 시간과 공간과의 관계 이전에, 우리가 영혼과 신체의 이중성을 실험할 수 있을까에 대한 질문 이전에 최초이면서 동시에 궁극적인 형이상학적 시도—끝까지 갈 수 있을까?—가 있다. 여기서 "끝까지"란 가정된 출발점에서 자신이 정한 도착점까지 내딛는 걸음들을 연결하는 것이다. 따라서 끝은 신체를 지속이나 이동성과 연결하는 것이며, 신체에게는 한 발 한 발 계속해서 나아갈 가능성과 다른 것이 아니다. 다시 말해 달리기를 그만두거나 달리기의 상태를 제거하는 대신에, 페이스를 잃지 않고 최초의 보폭을 두 번째 보폭에서도 같은 방식으로 다시 취하는 것이다. 이것이 달리기다.

이런 이유에서 달리기는 자유의 형이상학을 긍정한다. 어떤 삶도 달리도록 프로그램되어 있지 않다. 태도를 바꾸고, 좀 더 동적이거나 덜 동적이기를 결심하는 것은 이미 자유 안으로의 도약, 아직 존재하지 않는 것과 공감하는 하나의 방식을 함축한다. 그러나 이 결정은 조깅하는 사람의 매 걸음에서 실험되지 않는다면 어떤 가치도 없다. 매 걸음은 이어지는 걸음을 정지할 가능성, 이렇게 이전의 걸음들을 취소할 가능성과 연루된다. 아무것도 미리 계획된 것은 없다. 이 계획의 부재는 달리기의 최초의 자리다. 달리기의 처음에는 달리기의 결심이 있다. 그러나 달리기에는 정신에 지속적으로 현존하는 더 이상 달리지 않을 가능성이 문제로 남는다. 이 가능성이 정신에 의해 저지된다고 할지라도, 그 가능성은 주자의 주제로 남고, 수련이 물에서 퍼지듯 주자의 정신을 점령한다. "삶은 실현되지 않을 가능성으로 가득 차 있다"고 러시아의 심리학자 레프 비고츠키(Lev Vygotski)는 말한다. 극단적인 신체적 시험 이상으로 마라톤에서 이 금지된 가능성은 진정한 한계이고 삶 안에서 작은 죽음으로 그려진다. 이 작은 죽음으로부터, 우리가 계속 달릴 수 없을 정도로 지쳤을 때, 걷는다는 사실은 이 작은 죽음 전에 작은 죽음이 주자에게 보내는 신호다. 천천히 뛰는 것이 빨리 걷는 것보다 낫다. 왜냐하면 걷는 자는 그의 신체 이상으로 정신의 상태를 포기하는 것이기 때문이다. 주자는 형이상학의 실험자다. 그는 우선 끝없이 반복되는 선택—계속 달릴 것인가 말 것인가—아래서 자유를 실험한다. 연속은 운반이라는 말의 모든 의미에서 그 가능성 자체다. 연속은 지속 안에 개체화, 경험의 강화를 함축한다. 그러나 그것은 그 이상으로 계속할 수 있는 능력의 불확실성을 함축한다.

9.

에밀 자토페크

흑백 사진 위에서 한 남자가 트랙을 돈다. 밤이 어두웠지만 트랙돌기는 계속된다. 머리 중앙에 탈모증으로 모발이 빠진 사람의 실루엣은 흡사 예전의 공무원의 모습을 닮았다. 팔이 발보다 앞서간다. 관중들은 간헐적으로 박수를 보낸다. 관중석을 향해 손을 들어 보이며 달리는 사람은 이제 더 이상 누군가가 아니다. 그는 알 수 없는 누군가를 국가적 영웅으로 만들고자 하는 움직이는 환상이다. 다양한 명령어들이 스피

커를 통해 쏟아진다. "소비에트 사회주의 연맹과 체코슬로바키아의 경제·정치·문화적 접근은 항상 민주 사회주의라는 강력한 진지를 강화할 것이다. 이 연대는 새로운 세계대전에 책임이 있는 영국과 미국에 대항해 진보적인 인류의 투쟁에 함께 기여할 것이다." 그러나 에밀 자토페크는 달리고, 그 누구도 누구를 위해 왜 달리는지 모른다. 등번호 43번을 달고 그는 이등으로 달리고 있다. 안쪽으로 들어가면서 그는 오른쪽으로 다른 선수들이 추월하게 내버려 둔다. 그러나 곧 그는 페달을 달고 힘을 내기 시작한다. 다시 한번 일을 하는 것은 두 팔이다. 에밀 자토페크는 다리로 달리기보다는 팔로 달린다. 그의 신체는 위로부터 시작한다. 그것은 정상이 아니다. 그는 하체보다 상체로 달리는 스타일을 도입한 장본인이 된다. 이런 자세는 누구도 그 이전에 생각하지 못한 것이었다. 이것은 우리가 모르는 어떤 신체의 상태가 되어야 했다. 스타일은 전에 없었던 강도와 화려한 삶의 분위기를 낳는 일종의 불균형이다.

하얗고 비쩍 마른 에밀의 신체 안에 문법에 도전하는 스타일이 써진다. 그는 마치 넘어질 듯이 달리고 팔이 그를 다시 일으켜 세우는 것처럼 보인다. 마지막 한 바퀴를 알리는 종이 울리자, 그는 비상한 동력 에너지를 끌어내는 단순하고 한 치의 양보도 없는 팽이가 되어 박차를 가한다. 머리가 팔의 움직임 안에 잡히고, 머리는 그 간격을 확인하기 위해 되돌아온다. 그러나 머리는 곧 상체의 에너지에 의해 실려 간다. 다리는 박차를 가한다. 그는 추월하는 세 명의 선수들에 의해 다시 잡힌다. 그러나 페이스를 잃지 않고, 그와 그들 사이의 빈 공간을 붙잡는다. 그 순간 그의 팔은 거대해지고 이제 그의 팔만이 세계 안에 홀로 존재한다. 세 명의 다른 선수들의 몸은 더 이상 팔을 포함하지 않는 것처럼 보인다. 팔은 마지막 전환점에서 저항할 수 없이 나아간다. 자토페크의 전신을 끌어당기는 것은 바로 그 팔이다. 그는 이겼다. 관람석에서 그는 부인과 포옹하고 곧 다시 아무 걱정 없이 웃는 아이가 된다. 먹을 것을 입으로 가져가는 이미지에 이어서 군에서 그에게 훈장을 수여하는 이미지가 이어진다. 그는 국가적인 영웅이며, 국가 안에서, 국가를 위한, 국가의 국민이다. 그는 고관의 손이 되고 그는 더 이상 자신에 속하지 않는다.

　　달리는 동안 그는 점점 더 상체로 달린다. 한순간 더 이상 팔로 충분한 것처럼 보이지 않는다, 그리고 이제 그의 머리가 최종의 지렛대, 광적인 추가 된다. 혼자, 무한히 혼자인 것 같았던 영국에서 열렸던 크로스컨트리에서 그의 기술은 절정에 이른다. 사람들은 젊은 장발의 그가 나무들 사이에서 권투선수처럼 달리는 것을 본다. 그리고 밤. 그리고 낮. 달리기―삶.

그가 걷는 일이 있을 수 있을까? 누구도 알 수 없다. 나중에 그는 올림픽 성화를 봉송한다. 그리고 프라하의 봄 이후, 그는 대중의 사랑을 잃어버리고 프라하 밤거리에서 청소원의 삶을 산다. 그러나 그 밤에도 그는 에밀 자토페크로 남는다. 그의 이름은 이미 그를 앞서는 전설이다. 사람들이 그를 알아보고, 갈채를 보낸다. 진정한 전설이 되기 위해서는 달리기−삶은 더 어두운 삶이 되어야 하고, 에밀 Z를 도로 청소부 바틀비로 변형시키는 것으로 충분하지 않다. 다음은 에밀 Z의 목소리다. "나는 사람들에게 말할 권리가 없습니다. 그건 나에게 매우 어렵습니다. 학교를 방문할 권리도 없습니다. 스포츠 기관에서 내 직책을 수행할 권리도 없습니다. 그들은 나에게 당신은 아무것도 말해서는 안 된다고 항상 말합니다. 나는 말할 필요조차 없다고 대답합니다. 아침에 당신은 나를 해임하고 저녁에 이 소식은 라디오와 BBC 방송, 프리 유럽(Free Europe), 미국의 소리 등에서 알려집니다. 그러나 이런 상황 속에서, 중요한 것은 내가 아니라, 우리의 미래, 국가, 국가의 민주적 발전, 우리가 발전시키고자 하는 이 인간주의입니다." 청소 트럭 뒤에서도 에밀 Z는 "체코슬로바키의 기관차"로 머문다. 또한 궁극적으로 그것을 탈선시켜야 한다. 프라하 거리의 청소부에서 그는 야시모프(Jáchymov) 우라늄 광산의 광부가 된다.

그는 중산층 가정에서 성장해서, 16살부터 신발공장 바타에서 일해야 했던 것을 기억한다. 또한 그는 이등으로 결승점에 들어오기 위해 공장에서 개최하는 달리기 경주를 이용했다는 것을 기억한다. 어떤 삶은 일련의 점들로 만들어진다. 그는 1948년과 1954년 사이에 벌어진 10000미터 경주에서 단 한 번도 진 적이 없이 38번의 경기에서 우승하면서 자신이 참가한 모든 10000미터 경주들을 연결한다. 그는 항상 속도와 더불어 보다 깊이 몸을 만든다. 그리고 1시간대에 20킬로미터를 달린 최초의 사람이 된다. 그는 이 시간을 절대 잊지 못할 것이다. 한밤에 눈 속에서, 몸을 축내면서 그가 점점 더 긴 시간을 연습할 때에도, 프라하 거리에서 쓰레기 더미 사이를 이리저리 피하면서 달리면서도, 실레지(Silésie) 우라늄 광산에서 그의 폐가 완전히 망가졌음이 알려질 때에도, 그는 그 시간을 절대로 잊지 않을 것이다. 어떤 삶은 이 점들을 연결하기 위해 다리를 세우고자 하는 시도이다.

그 시도는 1952년 헬싱키 올림픽 경기에서였다. 그 아버지가 반−공산주의에 동조해서 고발된 한 선수와의 연대를 드러내면서, 그는 올림픽에 참여하지 못할 것이라는 협박을 받는다. 하지만 그는 결국 헬싱키 올림픽에 참여하기 위한 자격을 획득한다. 헬싱키는 세계의 지붕이다. 그는 5000미터, 10000

미터, 마라톤 세 종목에 참여한다. 그는 5000미터에서 우승하고, 같은 날 그의 아내, 다나 자토프코바(Zátopková)는 투창경기에서 금메달을 획득한다. 또한 그는 10000미터에서 미문(Mimoun)과 100미터의 차이를 두고 승리한다. 미문은 달리는 기관차 자토페크 옆에 자리 잡은 덕분에, 풀리도(Poulidor)[8] 같은 인물로 전설 속으로 들어오게 된다. 그는 10000미터에서 8000미터까지 Z의 뒤를 쫓은 유일한 사람으로 이등을 한다. 5000미터에서도 이등. 만년 이등의 옷을 벗어버리고 멜버른에서 우승하기까지 그는 4년을 기다려야 한다. 반면 탈장 수술 6주 후 이 경기에 참여한 에밀은 6위로 결승선을 넘는다. 그러나 1956년 멜버른 이전에, 1952년 올림픽 마지막 날 마라톤이 있다. 당연한 듯이 Z는 그 경기에 참여한다. 그러나 10000미터에서, 심지어 20000미터에서 마라톤으로 가는 것은 선수에게 소리의 벽을 넘는 것이며, 새로운 태양계에 들어가는 것이며, 어떤 좌표도 없이 길을 잃어버리는 것과 같다. 그러나 그에게는 아우라가 있었고, 그는 그것을 알고 있었고 자신을 믿었

---

8   (역주) 풀리도(Raymond Poulidor)는 프랑스 사이클 선수로 세계신
     기록을 8개나 갖고 있지만 투르 드 프랑스(Tour de France)에서는 한
     번도 우승하지 못해 "영원한 이등"이란 별명을 갖고 있다.

다. 마라톤을 2시간 15분에 주파하겠다는 에밀의 선언은 핀란드의 하늘을 찔렀다. 그의 경쟁자였던 영국의 짐 피터는 아주 겸손하게 그 주장을 받아들인다. 그의 최고 기록은 2시간 20분 45초였다. 2시간 15분으로 달리는 것은 심리전 안으로 서둘러 들어가는 것이다. 짐 피터는 초반에 너무 빨리 달려서, 19킬로미터부터 Z가 그를 바싹 따라붙어 추월하자, 그는 더 이상 아무것도 할 수 없었다. 역사 속에서 한 육상선수가 3종목을 석권한 적은 없다. 그것은 더 이상 건널 수 없는 다리가 아니라, 누구도 도달할 수 없는 일종의 고원이다.

광산에서 그는 어린 시절의 어둠을 다시 배운다. 1968년 이후 그의 삶은 어둠 속으로의 긴 추락이다. 그는 소련 탱크에 의해 밀려난 인간의 얼굴을 가진 사회주의의 꿈을 기억한다. 그는 소련 탱크에 의해 밀려난 점령군에게 요구된 올림픽 휴전을 기억한다. 그는 군대에서 그의 제명과 강요된 자기비판을 기억한다. 그는 그에게 손으로 하는 일만 강요된 것과 프라하 거리에서의 긴 추락을 기억한다. 프라하 거리의 어둠은 아무것도 아니다. 그는 항상 사람들의 환호를 받았고, 사람들은 창문을 열고 그를 보았으며, 사람들은 자신의 무덤에서 나온 영원한 영웅이며 무국적자인 한 군인의 모습을 목탄화로 그렸다. 결국 그는 어둠의 대 시련 속으로 들어가고 1974년까지 탄

광 속으로 돌진한다. 그것은 망각, 폐병 안으로의 다이빙이다. 그는 자신의 어린 시절, 바타 신발공장 시절을 다시 기억한다. 삶, 그것은 한 발 앞에 또 한 발이다. 삶, 그것은 미친 풀과 같은 경치를 그리는 긴 곡선이다. 1989년 또 다른 삶이 어둠에서 빠져나와 그를 빛으로 이끈다. 바츨라프 하벨(Vaclav Havel), 그는 자토페크를 지옥에서 꺼내 그에게 "흰 사자"라는 국가 훈장을 수여한다. 사자 이상으로 색깔을 강조한다. 그는 무고한 흰색이 된다. 그는 죽을 수도 있다. 그것은 중요하지 않다.

10.

은총은 두 번 세상에 온다

때때로 서로 만날 일이 없는 세계들이 서로 겹치거나 울림 속으로 들어와 기대하지 않은 마술을 낳는다. 로마는 달리기에 적합한 도시가 아니다. 물론 강을 따라 좁은 길이 나 있는 테베레 강이 있다. 거기서 주자들은 즐겁게 달린다. 물론 침묵 속에 고풍의 유적을 가까이에서 보면서 나무로 덮인 길들에서 장거리 지구력 연습을 하기에 적합한 보르게세 공원도 있다. 그러나 이 문화─세계의 기호들은 성급한 관광객들에게는 함정이다. 왜냐하면 그 공원의 정수는 다른 것에 있기 때문이다. 그것은 반드시 느림은 아니다. 그것은 다른 곳에서 온 그리고 조깅의 신자유주의적 흐름을 배제하는 일종의 부드러움 속에 있다. 보드리야르는 달리기와 조깅을 명백히 구분했다. 그에게 조깅은 그리스 우화 안에서, 특히 스토아주의 안에서 철학이 체화할 수 있었던 죽음을 배우는 신문화다. 그것은 세계에 무관심하기에 적합하고 우리가 파악하지 않은 표상들에 의해 균형을 잃지 않는 데 적합하다. 궁극적으로 죽음의 위험에서 벗어나기 위해 자신의 몸을 움직이는 주자와는 달리, 조깅을 하는 사람은 자신의 신체를 매개로 세계와 연결되는 것을 거부하며, 색, 풍경에 대한 무관심의 고랑을 파고 무감각해진다. 다만 자신의 심장박동과 움직임의 연속만을 염려한다.

이런 진전된 기계화의 단계에서 조깅이 가져오는 인간 삶의 이상은 최선으로 금욕주의적 평정이거나, 최악으로 자신의 신체 자체가 운동 속에서 동기가 될 때까지 연마하는 강압적인 기계가 된다. 이 신체−기계의 잠재력은 이동성(mobilité)에 대한 사랑으로 우리 자신을 흐름으로 만드는 신자유주의의 궁극적인 유토피아에 의해 추진되는 것처럼 보인다. 이 사실로부터 전 세계 어디에서나(마라톤 경주가 없는 큰 도시가 있을까?)

나타나는 달리기의 열광적인 이동성에 대한 사랑은 움직이는 주체로서 자신을 느낄 수 있고, 전 세계적인 자본의 흐름에 세계에서 가장 빨리 반응할 수 있는 가능성과 연계된 것처럼 보인다. 이런 맥락에서 감속은 무엇을 의미할까? 그것은 기능적으로 이탈리아의 큰 도시들이 체화해 왔고, 고대의 유적들 속에서 여전히 계속 표현되는 아름다움에 대한 유럽의 이념과 다시 연결하는 것일지도 모른다. 물론, 이 도시들은 그 당시 열광적이었고 상인들의 것이었다. 도시는 항상 열광적이다. 그러나 이 열광은 대건축물들의 위엄과 검소한 광장들의 침묵에 의해 틀이 세워진다. 비록 미로 같이 얽힌 골목길들이 주요 도로의 소음을 간직한다고 할지라도 말이다. 그리고 한순간 모든 것은 시간에 리듬을 주는 분수의 행복한 리듬으로 수렴되는 것처럼 보인다.

　나는 로마에서 달리고 싶었으나 결국 포기했다. 방문해야 할 너무 많은 유적들, 너무 많은 사람이 드나드는 성당들, 길을 잃을 수 있는 너무 많은 골목길들, 너무 많은 작품들. 이것은 걷기의 복수다. 확실히 걷기와 함께 탐험을 한다는 것은 감속을 의미한다. 그럼에도 불구하고 결국 달리기의 불가능성은 삶을 다시 붙잡기에 이른다. 매년 3월, 한 일요일에 열리는 로마 마라톤은 천년 문명의 느림의 논리를 취소한다. 마라톤은 적의 땅에 달리기 문화의 전 지구적 가치를 선언한다. 왕과 같은 주자 앞에서 모든 것은 양보하고, 포위되는 것은 차들로 막힌 길들, 걷는 사람들로 가득 찬 골목길들만이 아니다. 그런데 이 포위는 무엇을 의미할까? 우선 마라톤과 더불어 한 도시가 다시 유령 도시가 될 가능성, 도시가 자동차들에서 해방되고 아스팔트 위에 발들의 행보로 회복된 유령 도시가 될 가능성이다. 이 새로운 모습은 황혼과 같은 것이 전혀 아니다. 그것은 축제, 세계 안에 다른 현전을 주장하고 긍정하는 카니발이다. 한 세계를 만들기 위해서는 이런 것들이 필요하다. 카니발, 그것은 오만을 포기하는 다수성의 가능성이다. 마라톤은 우리 시대의 새로운 축제다. 마라톤은 보드리야르가 믿는 것처럼 자본주의적 흐름으로 기우는 것과는 달리, 새로운 형상들, 새로운 모험들, 새로운 사랑들을 나타나게 한다. 이것들은 우리 시대의 평화적인 동원(mobilisation)이며, 공통적인 것은 국경을 초월한 사람들 사이의 합의에 속한다는 것을 강조한다. 신체들은 사람들 안에서 서로를 죽일 가능성, 국가와 국경을 만들 가능성을 지닌다. 그러나 신체들은 또한 사랑하고 국경들을 무시할 가능성, 우연의 공동체의 형성을 엿볼 수 있는 가능성을 포함한다. 만일 조깅이 "전쟁이 아니라 사랑을 하라"는 것을 의미한다면, "너 스스로 그것을 하라"는 캘리포니아의 새로운 철학은 외관상으로만 신체에 대한 보드리야르 식의 채찍질과 닮았을 뿐이다. 왜냐하면 베를린, 뉴욕, 런던 혹은 로마에서 조깅하는 사람들의 세계적인 재회는 그곳들을 함께 기어오르고, 숨 쉬고, 거대한 무리 속에 사는 방식들을 축하하고 기념하는 공존재의 방식을 긍정하기 때문이다.

로마 마라톤 35킬로미터 지점에 도달하기 바로 전에 주자들은 나보나 광장을 지날 기회와, 도미티아누스 스타디움의 트랙을 달리면서 2000년 전에 목숨을 걸고 싸우던 로마 검투사들의 무질서한 움직임을 반복할 기회를 갖는다. 그러나 그날 중요한 것은 다른 곳에서, 거기서 100미터쯤 떨어진 곳에서, 로마의 갤럭시 밖에서, 세계 안에 존재하는 한 방식인 즉흥적인 충돌 안에서 발견된다. 길모퉁이 전환점인 테아트로 발레 광장에서, 마라톤 주자들이 2명의 지휘자—그들 자신도 첼로 연주자들—가 이끄는 20여 명의 첼로 연주자들의 폭발적인 분출을 듣는 것은 즐거운 일이었다. 아마도 어떤 주자도 그를 돌아서게 한 것이 정확히 무엇이었는지 인지하지 못했을지도 모른다. 그러나 명백한 사실은 20여 명의 첼로 연주자들—젊거나 나이 든 여자들과 남자들—이 다양한 아리아를 연주하고, 한순간 반세계주의 혁명가, 아스타 시엠프레(Hasta Siempre)를 연주하기 시작했다는 것이다. 이 곡은 우연이 아니다. 그것은 축제가 정치적이 되었다는 것, 즐거운 소수자의 봉기를 의미한다. 음악가들은 "극장 점령(ocupado teatro)"이란 깃발 아래에서 연주하고 있었다. 이것은 연주자들이 로마 극장 테아트로 발레를 나와서 거리로 장소를 옮긴 스펙터클이었다. 그들은 스페인의 인디그나도(분노한 사람들)의 운동 혹은 월스트리트 점령과의 연대를 확인했다. 이상하리만치 움직이지 않는 첼로 연주자들의 나무향 나는 몸들은 자신들의 방식으로 무수한 마디를 가진 나무의 슬픈 몸, 숨을 헐떡이는 마라톤 주자들의 몸을 기렸다. 불안한 커브 길에서, 임시로 설치한 연단에 정렬한 나무향 음악가들에 의해, 들뢰즈와 가타리가 "배치(arrangement)"라고 부른 것, 마라톤의 음악화, 음악의 노마드화가 이루어졌다. 이 이상한 결혼에서, 첫 번째 은총은 두 번째 은총과 만났다. 사물들이 뿌리내리기에는 아무것도 필요하지 않다. 다만 파종만 하면 된다. 생성을 쫓아서 이동만 하면 된다. 어느 누구도 마라톤과 분노한 사람들의 이 만남을 계획하지 않았다. 그러나 그들이 극장을 나서자마자 부의 재분배, 프레카리아트(précariat)의 끝, 현명한 대중 예술의 구축을 위한 투쟁에 학생들, 여자들, 남자들이 모였다. 이렇게 로마의 분노한 사람들은 노마드—마라톤 주자들과 가까워졌다. 두 경우에서 중요한 것은 보행이 아닌 노마돌로지(nomadologie)의 긍정이다. 물론 마라톤 주자들은 비행기로 와서 마라톤을 완주했다. 그러나 달리기는 형제애 이상, 소수가 만들 세상과의 연대 너머에 머문다. 이것은 마라톤 주자의 노력과 그 약속을 표상하는 벌거벗음이고, 이것은 로마의 분노한 첼로 연주자들의 은총에 의해 회복된 벌거벗음이다. 때때로 은총은 두 번 세상에 오기도 한다.

11.

미국의 보드리야르

미국에서는 거의 모든 사람이 달린다. 멀리서 본 주자들은 어떤 마법으로도 그들이 계획한 도로 위에 방랑을 취소할 수 없는 무감각한 존재들을 닮았다. 이것은 재난 후의 사유와 닮은 것처럼 보일 수 있다. 수많은 기사(騎士)들이 모든 방향으로 거리를 질주하고 그 무엇도 그들을 멈출 수 없다. 그들은 상처 입을 수 없는 듯 보인다. 이것은 보드리야르가 미국을 방문했을 때 뉴욕의 이미지에 첨가한 영화 〈블레이드 러너〉의 전망이다. "수천 명의 사람들이 각자, 다른 사람들을 의식하지 않고, 머릿속에는 그들의 시선 속에 흐르는 음악의 흐름을 유지하면서 달린다. 이것은 〈블레이드 러너〉의 세계다. 이것은 재난 후의 세계다."[9] 이것은 항소 없는 선고다. 조깅하는 사람들은 우리가 모르는 사이에 정착한 "소리 없이 다가온 종말론"의 기사들이다. 아무것도 무를 향한 충동을 되돌릴 수 없다. 캘리포니아의 오렌지색 하늘도 지평선을 붉게 물들이는 산도 뇌 속에 퍼지는 워크맨의 음악과 더불어 태평양의 해변을 세계 안에 홀로 달리는 주자들에게 아무런 가치가 없다. 이 고독은 비인간적이다. 고독은 무에 저항하는 방벽이다. 반면 고독은 이미 절망적인 공습의 형태로 퍼진 무로부터 온다. "절망한 원시인들이 죽을힘을 다해 먼바다로 헤엄쳐 나가 자살한 것처럼, 조깅하는 사람은 해안을 왕복하면서 자살한다"고 보드리야르는 결론짓는다.

이것은 자살의 제의처럼 모든 힘을 소진하는 힘 너머에 대한 탐구다. 고행 속에는 침몰하는 자살과 같은 금욕이 존재한다. 아침 혹은 저녁에 열기 속에 조깅하는 사람이 실어 나르는 것은 바로 이 금욕이다. 이것은 시간의 신호다. 아메리카는

---

9 Jean Baudrillard, *Amérique*, Grasset, 1986, p. 41.

모던한 것들의 실험실이다. 보드리야르에게 체육관에 보디빌더, 조깅하는 사람, 서퍼, 이 모두는 같은 피를 나눈 형제들이다. 그들의 혈관 속에는 아무것도 아닌 것(rien)에 대항한 궁극적 장벽으로서 몸에 대한 같은 문화가 흐른다. 실신할 정도로 궁극적인 단계에 도달하는 것은 더 이상 아무것도 잡을 것이 없는, 더 이상 잡을 것이 없어 아무것도 아닌 것에 매달리는 나락 속에서 삶의 극단을 느끼는 것이다. 아무것도 아닌 것에 매달리는 것, 그것은 자기와, 다만 자기와 함께 존재하는 것이다. 자기의 신체에 대한 사랑은 나르시시즘의 서정시다. 신체 속으로 잠수하는 것은 서둘러서 삶을 기량의 세계 속으로 미는 것이다. 그러나 기량은 신체 너머에 어떤 것과도 연결되어 있지 않다. 신체는 일종의 죽음의 복화술 안에서 신체에게만 말을 건다. 물론 겉으로 보기에는 젊음의 숭배, 살찌는 것에 대한 불안, 조각 같은 자신의 몸을 유지하고 싶은 염려 등이 있다. 그러나 마모, 유한성과의 전쟁 선언은 신체의 필멸에 대한 고백이 아니다. 보드리야르에게 "자신의 실존에 대해 질문하는 신체는 이미 반은 죽음이며, 반–요기, 반–황홀 상태의 신체에 대한 숭배는 침울한 자기에 대한 염려다."[10]

따라서 달리기는 죽음의 연습일까? 알아볼 것이다. 만일 그렇다면, 우리는 다시 철학의 중심에 놓인다. 이상한 지리학적 충격에 의해 아메리카는 그리스로 회귀한다. 플라톤은 "철학은 죽음을 배우는 것"이라고 하지 않았는가? 뉴욕의 마라톤은 공간들이 서로 접근하는 것을 가능하게 한다. "마라톤에서 온 그리스인은 숨을 몰아쉬며 "우리가 승리했다"고 전한다. 센트럴 파크 잔디 위에 주저앉으면서 지친 마라톤 주자는 "해냈다"라고 말하며 숨을 몰아쉰다."[11] 그런데 마라톤을 달린다는 것은 무엇일까? "너 스스로 그것을 하라(do it yourself)"고 말하는 한 철학의 거만한 고백은 탈진 속에서 그 절정에 이른다. 궁극의 정복은 자기 정복처럼 보인다. 아메리카도 인도도 발견되었다. 그러나 자기는 투자해야 한다. 보드리야르는 탈진할 때까지 자기의 한계를 측정하는 주자—조각가를 발견한다. 신체의 탈진은 세계 안에 우리의 무게의 경감과 같은 가치를 가진다. 왜냐하면 온 힘을 다해 거리를 질주하는 것, 바닷가를 따라서 달리는 것, 자신이 주변의 모든 경치에 무감각하다고 믿는 것, 이 모든 것은 회복할 수 없이 지워지는 지상에서의 삶의 중력이기 때문이다. 우리는 빛, 나무들, 사람들에게 무감각한 채 오만한 범선들과 세상의 길들을 지나가고, 항

---

10 같은 책, p. 38.
11 같은 책, p. 25.

상 우리의 음산한 방벽 안에 회색 자동기계가 된다. 보드리야르는 주자들을 화면 앞에 있는 것처럼 본다. 세계의 스펙타클화를 비판하던 그 자신은 달리기를 마치 하나의 스펙타클처럼 수용한다.

그런데 우리는 달리기를 볼 수 있을까? 직접 달려보지 않고 달리기를 이해하는 것이 가능할까? 물론 무엇인가를 설명하기 위해 반드시 그것을 모방할 필요는 없다. 원과 원의 이념은 다른 것이라고 스피노자는 말한다. 그럼에도 불구하고 신체는 원처럼 거리를 가지고 쉽게 다룰 수 없다. 그렇다면, 우리가 실험하는 것은 신체들 간의 소통불능의 경험이다. 사실 달리는 자의 자리에서 우리는 어떤 공감도 가질 수 없는 것처럼 보인다. 관중의 관심은 주자와의 공모가 아니라, 그의 허약함의 지각, 누구도 도울 수 없는 몸, 발걸음이 흐트러진 몸에서 나오는 땀의 축적이다. 그래서 마라톤 주자는 신체와 정신이 문제일 때 자신이 혼자라는 것을 잘 안다. 42킬로미터를 완주하기 위해서 그는 이 고독 속으로 들어가야 한다. 관객은 자기와의 거리를 두면서 만들어진다. 완전무결한 경주의 직선 주로에서 주자에 앞서서 불행의 신호를 찾으면서, 더 이상 나아갈 수 없이 제자리에 못 박힌 주자의 실추의 양태들을 추격하면서 말이다. 보드리야르는 자신의 합리적 기술들에 항상 동반

되는 이동 가능한 텔레비전의 눈으로 미국을 보는 그런 관객이다. 그는 자신의 실험실 구석에서 화면들을 탐구하면서 〈블레이드 러너〉의 모습들을 통해 흡사 어디도 아닌 곳에서 나와 어디도 아닌 곳으로 사라지는 모든 실루엣에 놀란다.

보드리야르는 이제 달리기를 이상한 제의로 만들기 위해 주자를 일상적인 삶의 무게 중심 바깥으로 체계적으로 내던지는 것에 헌신한다. 인류학적 성장은 그 이상한 제의를 무-의미의 주변으로 재인도할지도 모른다. 레비-스트로스는 타자의 형상들이 관계하는 두 가지 가능성이 있다는 것을 드러낼 수 있었다. 하나는 그것들을 증오하다가 결국 버리는 것이고, 다른 하나는 그것들로부터 어떤 힘을 끌어내기 위해 인류학적 제의를 통해 그것들을 흡수하는 것이다. 아메리카의 땡땡(Tintin)과 같은 보드리야르는 두 번째 접근을 버리고 첫 번째 유형의 분석을 선택한 것처럼 보인다. 그 이유는 보드리야르에게 제기해야 하는 유일한 질문은 다음과 같기 때문이다. 왜 당신은 주자들의 관점에서 뉴욕 혹은 캘리포니아의 아스팔트 위에 몇 발자국을 떼어보려고 하지 않았는가? 당신이 평범한 노마드적 열광의 용서할 수 없는 이동성에 양보하는 것은 상상할 수 없었을까? 다른 누군가 옆에서 뛴다는 단순한 이유 때문에 누군가 뛰기 시작하는 것은 상상할 수 없을까?

달리기의 이 모방적 욕망의 인류학은 무엇일 수 있을까? 하나에 이어 둘이 온다는 사실은 놀랍지 않은가? 순수한 스펙타클의 외재성은 새로운 유형의 함께하는 축제로 인해 취소되는 것처럼 보인다. 다수는 항상 단순한 숫자 이상의 것이다.

12.

달리기가 말하고 싶은 것

달리기가 본질적으로 말하려는 것은 세계는 우리의 발아래 존재하지 않으며, 세계는 있어야 하는 거기에 존재하지 않으며, 끝없이 달아나며, 찾아야 하는 다른 곳에 존재한다는 것이다. 만일 우리가 자신의 자리에 존재한다면, 뛰어야 할 아무런 필요가 없으며, 걷기조차도 사치가 될 것이다. 이동성은 억제할 수 없는 방랑의 논리를 증명한다. 아담과 이브는 달려 도망치지 않았을까? 그런데 아마도 그들은 이미 정원에서 그들에게 속하지 않는 지식의 열매를 수확하기 위해 이 나무에서 저 나무로 뛰어다녔을 것이다. 달리기는 우리가 도달한 여기 아닌 다른 곳을 보기 위해 가는 가장 근본적인 가능성이다. 다른 곳에 가 보는 것은 다른 곳에서 무엇인가 일어난다는 것을 의미한다. 그러나 이 다른 곳은 아주 오래된 인간의 불만족의 이면이다. 바로 여기에 여러 형태의 사냥들 사이에 공통점이 있다. 욕망, 명예, 권력, 지식 등을 쫓는 것은 모두 우리가 있어야 하는 거기에 존재하지 않는다는 사실을 증명하는 불만족의 논리일 뿐이다. 이동은 전적으로 자신의 자리에 존재하지 않는 삶들을 드러낸다. 달리기는 변했는가? 아마도. 그런데 그것은 삶이 고정된 자리, 고정된 특질이 없기 때문이다. 달리기는 세계 안에서의 방랑, 이동을 의미한다. 그리고 이 이동 덕분에 지식을 채취하는 것을 말한다.

철학자이며 의사였던 조르주 캉길렘은 삶에 고유하게 속한 창조성을 위해 내기를 했다. 그는 삶은 다양한 모습을 가진다는 것을 긍정했으며, 삶이란 새로운 모습의 창조라는 것을 이해하기 위해 달리기를 통해 모습의 변화를 가져올 수 있다고 믿었다. 그리고 주체성, 불만족, 실수, 방황 사이의 강한 연대를 세웠다. 인간의 삶은 잉여다. 사르트르가 그의 시대에 인간 조건의 가장 특이한 특질로 만든 존재에 대한 이 실존의 과잉은 존재하는 모든 것에 대한 주기적인 불만족에 의해 알려진다. 뜻밖에 우리에게 실존의 필연성을 부여하는 존재 이유에 절망적으로 적합하게 되려고 할 때, 이 노력은 잘못된 믿음일 뿐이며, 영원히 부유하는 우연의 후광을 저지하려는 헛된 시도일 뿐이다. 우리가 제거할 수 없는 우연은 우리가 피할 수 없이 잉여 존재라는 이 확실성의 제거의 불가능성, 정당화할 수 없음만을 우리에게 제시한다. 하늘 아래 새로운 것은 아무것도 없다. 실존의 열광은 어떤 정상성도 흡수할 수 없는 고단한 삶을 고백한다.

우리가 제자리에 머물지 않는다는 것은 사실이다. 왜냐하면 우리는 자신의 자리에 존재하지 않기 때문이다. 달리기는 자리로부터 빠져나오는 것을 의미하며, 여기와 저기 사이의 임시 계약을 체결하며, 내가 어디에 있는지 전혀 모른다는 고백에 동의한다. 이동은 지식 안에서와 마찬가지로 실천 안에서도 이동이다. 이로부터 달리기는 징후다. 지식 안에서 달리기는 캉길렘이 말한 것처럼 실수할 수 있음이다. 방황과 실수 사이에는 강한 연대가 존재한다. 그러나 이러한 연대의 창출은 다만 지식으로부터 도래하게 할 수 있다. 만일 지식 안에서 내가 이동하지 않는다면, 만일 내가 지식의 대 악보에 대해 문제를 제기하지 않는다면, 또한 내가 그 안에 머문다면 지식은 더 이상 없다. 그리고 만일 내가 권력 안에서 이동하지 않는다면, 법적으로 자신이 어디까지 갈 수 있는지 절대로 미리 알 수 없는 누군가처럼 자신을 인정하지 않는다면, 권력은 없다. 이제 달리기는 내일 알 수 있는 것을 미리 알 수 없으며, 내가 할 수 있는 모든 것을 미리 결정할 수 없다는 것을 의미한다. 그렇다고 해서 달리기의 철학을 힘의 철학과 혼동해 거만한 달리기의 철학으로 성급하게 정의해서는 안 된다. 모든 것은 불만족으로부터 나오며, 모든 것은 여기로 돌아가야 한다. 이런 의미에서 달리기는 허약함의 고백이며, 모든 경계를 제거하고자 하는 시도이다. 자신의 허약함에 동감하는 것, 그것은 노마드가 되는 것이며, 다시 그리고 항상 탈주선들을 제안하는 것이며, 그것들을 탈영토화하고 푸코가 "반파시스트 삶을 위한 논고"라고 부른 것을 구성하는 것이다. 파시즘은 모든 것은 정착이며, 거기에 머물러야 한다는 주장과 더불어 시작한다는 것, 그리고 세계가 한 번 자리를 잡으면, 국경들이 세워지고, 여기와 저기, 친구와 적, 이편과 저편, 여자와 남자 사이의 분할이 이뤄진다는 사실의 긍정과 더불어 시작한다는 것을 상기해야 한다. 이런 본질적인 정당화로부터 더 멀리 나아가서, 자신의 탈주의 책을 구성하면서 끊임없이 탈영토화하는 주자가 존재한다. 주자는 아무 곳도 아닌 곳에 매료된다, 그는 일종의 외계인이다.

13.

땅 밟기

달리기는 미립자를 측정(granulométrie)하는 사건이다. 우리가 주자를 부유 상태로 공간을 가로지르는 잠수부처럼 생각하는 것은 잘못이다. 사실 모든 것은 알갱이의 사건, 모래 알갱이, 자갈, 아스팔트 위에서 운동화가 마찰 소리를 내는 사건이다. 20세기 초반에 유행하던 건축 양식은 색다른 지각의 탐구를 선언하면서 바닥의 다양한 우툴두툴함을 탐구했고 발과 바닥과의 마찰에 대한 박물관적 여정을 상상했다. 시각적 신호 덕분에 수집품의 자리를 지시하는 관객의 인식적 식견에 호소하는 대신에, 그것은 바닥과의 새로운 접촉을 탐구했고 박물관 안에서 바닥의 재질에 따른 주관적 여정을 추적했다. 바닥과의 관계로 인해 새로운 배회가 도출됐다. 박물관 안에서 단단한 바닥이 배회의 장소를 그릴 때, 다른 바닥은, 예를 들어 탄력 있는 다른 길은 다른 여행을 제안했다. 따라서 보다 일반적으로 탐구는 주자의 머리보다 발에서 시작해야 했다. 우주는 바닥의 모래에서, 쉽게 길들일 수 없는 원시적 재질에서 시작한다.

따라서 오늘날 주자들은 가장 가까이 지면(terrain)의 가능성들을 추적할 수 있는 유일한 사람들로, 공간 이동을 발명하는 덧없는 건축가들이다. 왜냐하면 주자는 모든 지면을 커버하는 사람이기 때문이다. 그는 자신의 영광을 이전의 뛰어난 기획에서가 아니라, 지면의 체계적인 탐험으로부터 끌어낸다. 그는 즉흥적으로 지면의 가능성들을 발견한다. 갑자기, 예고 없이 그가 오른쪽이 아니라 왼쪽으로 돌기로 결정할 때, 두 자동차 사이로 지나가기로 결정할 때, 늘어선 버스들을 따라가기로 결정할 때, 그것은 거만하고, 돌출한 합리성에 역행하는 노마드적 성찰이다. 때때로 그는 정신의 방에서 미리 달릴 코스를 그려보는 일도 있다. 그러나 그것은 그보다 더 거대한 세계에 직면해서 자신에게 대답을 주기 위해서다. 길을 잃거나 무질서한 도시 한가운데서 생명선(ligne de vie)을 펼칠 때, 그는 지나가는 민족학자가 된다. 다시 말해 그는 가장 숭고하고 가장 일상적인 전망에 빠져든다. 이 모든 것은 아스팔트 바닥을 반복적으로 박차면서 달리기 시작한 지면을 되돌아보는 것이다. 지면은 한순간 맨땅이, 혹은 무성한 풀밭이, 혹은 모래바닥이 되기도 한다.

달리기는 난타의 기술이다. 몸은 반복적으로 바닥을 쳐야 한다. 이 반복은 고행 혹은 거의 최면상태로 달리는 자의 조건이다. 반복적으로 치는 것은 리듬을 생성하는 것이다. 이 리듬 속에서 예상치 않은 일시적인 배치들(agencements)이 일어나고 몸은 지면과의 관계 안으로 들어가고, 때때로 구름이 태양을 가릴 때, 그늘 속에서 이어지는 모습을 형성하기도 한다. 누구도 이 모습들을 정말로 보지 못한다. 그것은 아침 6시와 7시 사이, 혹은 정오와 2시 사이, 혹은 저녁에 발생할 수도 있다. 어쨌든 언제든지 일어날 수 있다. 그것들은 계획된 것이 아니다. 그것은 사물들과의 연대, 우선 한 공간의 특별한 알갱이와의 연대를 긍정하는 것이다. 그것은 부드러울까 아니면 단단할까? 그것은 물렁할까 아니면 젖었을까? 발에서 일어나는 모든 변화는 몸의 변화가 된다. 몸은 때때로 늘어나기도 줄어들기도 한다. 그러나 몸은 마치 거대한 청소기처럼 부서진 바위들, 아스팔트 위에 모래 알갱이 등등 모든 것을 흡수한다. 왜냐하면 이 변화에 속아서는 안 되기 때문이다. 우리는 다만 바닥을 더욱 잘 느끼기 위해서 달린다. 나침판이나 워크맨은 필요 없다. 크로노미터는 잊자. 중요한 것은 바닥을 치고 느끼고, 바닥과 연대하거나 싸우는 것이다. 누가 길에 널린 이 매복에서 벗어나기를 원하지 않았을까? 여기서 우리는 한여름의 태양도 지울 수 없는, 다만 반짝이는 빛에 의해 줄무늬만을 드리우는 이 어둠에 빨려들고 삼켜지는 것처럼 느낀다. 그러나 누가 호수를 끼고 도는 이 좁은 모랫길을 마다할까? 여기서 우리는 갑자기 무성한 가시덤불에 부딪혀 어딘지 모르는 곳에서 멈추기도 한다.

어디라도 달릴 수 있는 사륜구동 자동차처럼 모든 종류의 지면의 철학자가 되는 것은 한동안 집을 떠나 거대한 바깥과 발아래 숨어있는 미립자 측정과 더 잘 만나기 위해 무제한의 공간 속에 "길들−작품들(routes−oeuvres)"을 발명하는 것이다. 독일의 철학자 후설이 『지구는 움직이지 않는다』라는 책을 썼을 때, 그는 이 책에서 걷는 자를 정의하고 있다. 실제로 우리가 걸을 때, 우리는 바닥의 부동성을 믿는다. 그러나 이것은 걷는 자의 관점이지 주자의 관점이 아니다. 왜냐하면 주자의 관점은 우주를 운동 속에 놓는 가속 원리와 다르지 않다. 여기서 세계의 모든 부동성은 분해된다. 달리기는 사물의 속도를 회복하는 것이며, 모든 것이 리듬이라는 것을 이해하는 것이다. 그러나 이 리듬에 속아서는 안 된다. 주자가 지면에 동성을 돌려주기 위해 지면을 팽창시키는 것은 다만 그가 지면을 두드리기 때문이다. 두드리는 것은 템포를 산출하는 것이다. 재즈 드럼연주자는 그를 벗어나는 트럼펫주자와 색소폰주자가 회복하는 리듬을 프레이징 하는 데 만족하지 않는다. 왜냐하면 그는 피아니스트가 흘러갈 시간을 발명하기 때문이다. 그리고 이 시간은 모든 시간에 의해 잘리기 때문에 그에게 고유하게 속하지 않는다. 하나의 사실이 충분히 생각되지 않았다. 드럼연주자는 제자리에 있다. 그러나 그의 자리는 이 자리가 아니다. 왜냐하면 그는 시간을 두드리고 시간을 다른 곳으로 데려가는 이동성을 창조하기 때문이다. 또한 주자는 공간이 있는 시간을 만들면서 지면의 멜로디를 만드는 드럼연주자라고 말해야 한다. 우리가 공간에서 나와 시간 속으로 들어가는 것은 두드림에 의해서다. 작업하고, 동적이고 보이지 않는 형상(figure)을 창출하는 것은 바로 이 시간이다. 이 형상은 아이만이 파악할 수 있을지도 모른다. 만일 아이가 도시 속에 주자의 코스를 쫓고 그가 지나간 길들을 재구성한다면, 그는 조각난 공간들을 연결하고 선을 그리고 상상의 인물을 구성하는 데 이를지도 모른다. 마치 아이가 작은 숫자들로 가득 찬 숨은그림찾기에서 사자나 얼룩말의 실루엣을 재구성하는 것처럼 말이다.

14.

노마돌로지에 대한 소고

주자는 자신에 속하지 않는다. 그는 영속적으로 자기 밖으로 미끄러진다. 풍경도 그를 잡을 수 없다. 달리기에서 우리가 좋아하는 것은 더 이상 여기에 있지 않을 가능성이다. 삶은 영토 밖에 있는 것처럼 보인다. 달리기에서 우리가 좋아하는 것은 한 공간의 특권들을 반박할 가능성이다. 그러나 문제는 이국정서가 아니라, 일상적인, 즉 궁극적인 경험, "아무데 (nulle-part)"[12]의 특별한 영역에 접근하는 것이다. 여기를 믿으면, 우리는 먼 삶의 가능성을 더 이상 지각하지 못한다. 우리가 있을 법하지 않은 뿌리를 움켜쥘 때, 근접성의 가치는 모든 가치를 이긴다. 그리고 근접성은 끝없이 정련되고 "항상 더 가까운" 것이 지배적이 된다. 자기 집은 문도 창문도 없는 세계가 된다. 어쨌든 아무데에서 자신을 발견하는 것은 금지된 경험이다. 달리기는 이 아무데에 대한 체계적인 준비다. 우연히 자기 집의 연속성을 잘라내고 어떤 길로 몰아넣는 발걸음들은 이 불안정한 경험—아무데에서 자기 집을 느끼는 불안정한 경험—이 도사리고 있는 불확실한 발걸음들이다. 이 경험은 공공연히 알려지지 않는다. 부재를 가늠하기 위해 주의를 요청하는 것은 있을 수 없는 일이다.

그러나 달리기는 그것을 가능하게 만드는 계기가 될 수 있다. 달리기는 여행을 준비하는 것이며, 코스를 벗어난 발걸음이 될 수 있는 저 바깥의 어딘가를 배우는 것이다. 우리가 어떤 풍경, 장소에 자신을 기입하기 위해 달린다는 것은 사실이 아니다. 사실은 그 반대다. 달리기는 영토 바깥에서(hors sol), 호의적인 무인지대(no man's land)에서 자신을 느끼는 것이

---

12 (역주) 정해진, 알려진 곳이 아닌 어디에도 이르지 않는 곳을 지시한다.

다. 주자의 발걸음은 달린 공간을 길들이기 위한 어떤 사명에도 매달려있지 않다. 철학자들은 거의 달리기와 관계하지 않는다. 그럼에도 불구하고 우리는 달리기의 친구로서 몇몇 철학자를 언급할 수 있다. 많은 수는 아니지만 그들의 철학은 달리기의 예비학으로서의 가치를 가질 수 있다. 질 들뢰즈와 펠릭스 가타리 같은 주자들은 어쩌면 한 번도 달려본 적이 없을지도 모른다. 그러나 그들의 철학은 일종의 달리기이며 이동성의 실험이다. 그들의 말은 도시의 아스팔트 바닥을 측량하는 측량사의 고백으로부터 올 뿐이다. "도시의 노마드로, 혈거인(穴居人)으로 살기. 때때로 주름이 없는 매끈한 공간을 다시 만들기 위해서는 운동, 속도 혹은 느림으로 충분하다. 그리고 매끈한 공간은 그 자체로 해방이 아니다. 그러나 그 안에서 투쟁은 변하고, 이동한다. 그리고 삶은 삶의 문제들을 재구성하고 무수한 장애들과 부딪치고 새로운 태도들을 발명한다."[13] 들뢰즈와 가타리는 우회 없이 그들의 관심은 이행과 이행 그 자체에서 태어난 관계의 발명이라고 말한다. 모든 것이 충만한

13 Gilles Deleuze, Félix Guattarie, *Capitalisme et schizophrénie 2: Mille plateaux*(『천개의 고원: 자본주의와 분열증 2』, 2001, 새물결), Minuit, "Critique", 1980, p. 625.

거기에서, 건물들이 건물들에 덧붙여지는 거기에서, 장소들을 비울 가능성, 공간 내에 기입된, 그러나 반드시 예정된 것은 아닌 탈주선의 조합을 제안할 가능성은 삶의 기술(art)이 된다.

통과는 무−소유의 기술이다. 울타리의 반대. 매끈한 공간의 가능성. 전원과 도시의 여러 곳을 즉흥적으로 빠져나갈 여유가 있자마자 기쁨은 오솔길을 지나가면서 증가한다. 길 끝에서 갑자기 물길, 시간과 시간을 연결하는 다리를 옆에 두고 끝없이 펼쳐지는 초원이 시작된다면 기쁨은 더더욱 배가된다. 그리고 물을 사이에 두고 탁구 경기가 시작된다. 이것은 마치 커다란 파도타기의 미끄러짐과 같다. 그러나 미끄러짐은 철조망이나 차단기에 의해 끝날 수도 있다. 다시 세계는 조각으로, 소유지로 나눠진다. 그리고 미끄러짐의 경험은 끝이 난다. 후퇴해야 하고 자신의 발로 달리는 것을 배워야 한다. 여기서 우리는, 주자는 연대보다 이동성, 오만한 정착보다 노마디즘을 선택하는 탁월한 무−소유자라는 것을 알아차린다. 달리기에서 우리를 둘러싸고, 여기에 붙어있게 하던 친근함이 흐릿해지고 사라지는 것은 단번에 예고 없이 일어난다. 브라상은 "어딘가에서 태어난 행복한 바보들"이라고 노래한다. 어떤 장소를 긍정하는 것은 우리가 처음부터 자신의 몫을 가진다고 느끼는 것이다. 물론 하나의 삶의 몫은 어딘가와 연결되어 있다.

여기에는 어떤 명청함도 추문도 없다. 삶으로 인해 고랑이 파이고 주름이 잡히고, 자기와 사물들 간에, 자기와 타자들 간에 조합들, 습관들이 생겨난다. 집을 나가 왼쪽으로 돌면 버스 정류장과 항상 같은 모습을 한 건물들에 이른다. 이렇게 우리는 한 장소와의 혼례 안으로 들어가고, 이런 은밀한 합의는 지름길을 만든다. 그러나 이 합의는 고통, 이미 알고 있음, 이미 거기 있음의 고통을 낳는다.

또한 우연히 집 밖으로 몇 걸음을 옮겨 이 골목 저 골목을 지나 결국 내가 어디 있는지 알 수 없는 곳에 이를 때, 우리는 세상과 어떤 공모도 없다는 감정으로부터 아무데에 이른 자신을 발견한다. 이렇게 호기심이 발생한다. 이런 일은 여행이나 집 근처 어디에서든 일어날 수 있다. 이것은 마치 오랫동안 축적된 익숙함의 껍질이 갈라지는 것과 같다. 이것은 마치 거대한 공간이 다시 새롭게 내 앞에 다가오는 것과 같다. 이때 우리는 다만 자기의 어떤 부분도 어딘가에 있지 않다고 느낀다. 우리는 다른 곳과 동시에 자기 자신 안에 있음을 느낀다. 몽테뉴의 말처럼 "우리의 욕망과 우리의 감정은 우리를 넘어 바깥으로 연장된다." 움직이는 신체가 향하는 낯선 경험 안에서 새로운 고독이 획득된다. 이 고독은 우울이 아니라 즐거운 멜랑콜리, 자기의 경계 안에서의 이동이다. 이 아무데의 가능성을 행복의 가능성으로 상상해야 한다. 슬픔의 반대, 희열의 멜랑콜리는 시끄럽고, 아우성치고, 노래하고, 떠드는 세계의 모든 배가 떠나고 나서 도착하는 있을 법하지 않은 항구다.

달리기는 여행 수단이다. 우선 우리는 우리가 있는 거기에서 여행하고 달릴 수 있다. 풍경들은 정신 속에 영원히 각인되고 여행을 거듭하면서 봉우리와 해변, 도시와 농촌, 겨울과 여름을 가진 일종의 움직이는 세계지도가 된다. 우리가 달릴 때, 우리는 또한 달리는 곳과 다른 곳을 상상할 수 있다. 더 나아가 우리가 선호하는 풍경들, 예를 들어 버클리 대학 위로 솟아오른 공원 끝에서 우리가 반짝이는 파란 바다에 놀랐을 때, 또 우리가 홀로 알 수 없는 곳에 있을 때, 대학 언덕에서 바라본 샌프란시스코 만의 풍경, 혹은 독특한 운송선들과 이웃한 옥스퍼드 수로의 진흙탕 길, 혹은 오르내리는 리스본의 얽힌 골목길들을 상상할 수도 있다. 더 극단적으로 우리는 달린다는 사실 그 자체로부터 여행할 수도 있다. 이 여행은 오래 지속되지 않는다. 30분, 한 시간, 혹은 두 시간. 그러나 이 여행은 외재성을 배우는 시간, 아무데도 아닌 곳에서, 집착 없이 자기를 느끼는 방식이다. 우리가 전적으로 이런 경험에 이르는 것은 아주 드문 일이다. 거기에 도달하기 위해서는 홀로 있어야 한다. 두 명, 혹은 그 이상의 사람들이 모이면, 사회성이 작동하고, 사회성은 즉각적으로 일상성을 회복시키고, 그에게 일상의 고귀함을 돌려준다. 그러나 혼자일 때조차도 우리는 어디든 가지고 다닐 수 있는 작은 연극을 만든다. 그것은 일상 세계의 패러디로, 여기서 모든 문제는 하나의 답을 발견한다. 코미디언의 모든 자원이 고갈되었을 때, 개인적 이야기와 동일시되는 살과 피를 가진 주체라기보다는 모든 틀 바깥 세계의 경험을 증명하는 감각들을 거쳐서 비인격적인 삶의 가능성이 도래한다.

물론 어딘가에서 자신의 고유한 몫은 다시 돌아올 것이고, 애착은 그 명백한 성격을 회복할 것이다. 그리고 여기 있다는 사실과 연결된 요구들은 다시 빛을 볼 것이다. 그러나 누구도 뿌리 뽑힌 나무처럼 우리가 갑자기 모든 것과 단절되었다는 느낌이 드는 것을 막지 못할 것이다. 이것은 모든 소문과 모든 하늘의 뉘앙스로부터, 모든 나무의 훼손으로부터, 모든 건물의 회색으로부터 비워지는 것이다. 이 모든 것은 타자, 친지, 멀리 있는 지인들과의 연대가 얼마나 허약한지를 느끼게 하는 되돌릴 수 없는 유일한 경험이다. 달리기는 바로 이 허약함의 고백이다. 아무데에 홀로 있음은 다만 자신의 심장박동 안에 존재하는 것이다. 그것은 동시에 상처받을 수 있으면서 상처받을 수 없음을 느끼는 것이다. 이것은 다른 주자, 목소리, 풍경, 사람들과의 만남의 가능성에 의해 영향받고 증폭된다. 아무데는 방랑이 아니다. 그것을 낯설게 하기와 혼동되어서는 안 된다. 그것은 윤곽의 부재 속에서 더 깊이 파인다. 피터 한트케의 소설,『누구의 것도 아닌 만에서의 한 해』에서 화자 조르즈 크쉬니는 탐험가 친구들이 세계의 다른 곳을 발견하고 있는 동안 파리 외곽에서 일 년간 살면서 마치 거대한 공간이 문제가 되는 것처럼 파리의 영토를 탐구한다. 그는 "이 땅이 발견된 것은 오래전이다. 그러나 나는 내가 신세계라고 부르는 것을 계속 지각한다(⋯). 내가 신세계로 보는 것은 일상이다"[14] 라고 기술한다. 일상이 신세계가 될 수 있는 것은 익숙함이 일상을 모두 다 삼켜버리지 않았다는 것을 전제한다. 걷기처럼 달리기는 아무데에서 자신을 생각하는 것을 허락한다. 너무 일찍 자신의 일상을 안정적인 소유 안에 가둠이 없이, 일상에 두 번째 기회를 허락하면서.

14 Peter Handke, *Mon année dans la baie de personne*, trad. Claude-Eueèbe Porcell, Gallimard, 1977, p. 26.

15.

달리면서 하는 철학

한 가지는 분명한 듯하다. 우리는 "영화의 메커니즘"과 멀어져야 한다. 그것은 지속의 경험에 파괴적인 그늘을 던지고, 롱테이크 안에서 지속을 자르고, 지속을 이미지로 채우면서 하찮은 방식으로 지속을 지우기 때문이다. 물론 우리는 달리기를 영화로 찍을 수 있다. 〈칼라브리아의 소년〉, 〈마라톤맨〉 그리고 〈포레스트 검프〉처럼 주자를 주인공으로 찍은 영화도 있다. 영화인들은 작가들처럼 달리기에 사로잡혀 움직이는 신체들을 기술했고, 들뢰즈가 나중에 언급하는 것처럼, 베르그손 자신의 행간에서 영감을 받아서, 베르그손의 격렬한 비판을 피해갈 수 있었다. 베르그손에게, 영화는 지속의 직관 안으로 들어올 수 없으며, 시간이라기보다는 차라리 공간에서 작업하는 지성의 도구다. 영화는 이행의 이동성을 흔적들의 부동성 안에 흡수하고자 하는 시도다. 영화는 사후의 철학이다. 그리고 우리는 지금 일어나고 있고, 진행 중인 달리면서 하는 철학이 필요하다.

"달리면서 하는 철학(philosophie en course)"은 간격 넘어서 강도 있는 지속의 변화를 파악하기 위한 표현이다. 다시 말하면 우리가 속한 공간과 시간의 블록을 제거하는 일종의 수술이다. 그러나 이 파악은 지속적인 달리기 현상의 파악이 아니다. "달리면서 하는 철학"은 달리기 안에서 철학을 바꾸는 것이다. 신체의 상태에 따라서 그만큼의 철학이 있다. 글을 쓸 때 보행자 니체는 걷기의 리듬에 속도를 덧붙여 주자가 된다. "건강의 여러 상태를 거쳤고, 여전히 이 길을 통과하는 철학자는 거친 만큼의 철학을 통과한다."[15] 왜냐하면 변신이 일어

---

15 Friedrich Nietsche, *Le Gai Savoir*(『즐거운 지식』), in *Oeuvres T. II*, Robert Laffont, p. 30.

나기 위해서는 "신체의 상태"를 "건강의 상태"로, 동사 "통과하다(parcourir)"를 동사 "달리다(courir)"로 대체하는 것으로 충분하기 때문이다. 달리기의 철학(philosophie de la course)은 없다. 왜냐하면 주자는 달리기를 위한 철학을 가지고 있지 않기 때문이다. 어떤 경우에도 신체는 앞으로 뻗은 힘처럼, 다시 말해 길 위에 자신의 그림자와 다시 만나기를 기다리는 소진하지 않는 절대적인 힘처럼 모든 힘을 소진하는 경우는 없다. 물론 신체는 달리는 동안 정신에도 영향을 미친다. 이 변형들은 그 자체로 수정 가능하다. 달리면서 하는 철학은 이 변형들을 영구히 수용할 진리에 신호를 보내는 대신에, 이 변형들을 주자의 신체 상태들과 더불어 변화하는 철학적 가설들과 연동시킨다. 달리기는 만들어지고 있는 철학들, 확정된 선이 없는 밑그림들을 그린다.

그럼 달리기의 철학을 형성하는 것은 불가능한가? 달릴 때 쉼 없이 떠오르는 질문을 하나 해보자. 달릴 때 정신과 신체는 분리될까 아니면 결합될까? 우리는 데카르트주의자일까? 우리는 영혼과 신체의 이원성 쪽으로 넘어가는가? 아니면 스피노자주의자가 되는가? 우리는 정신과 신체의 상태 변화에 따라서, 신체에서 일어나는 모든 것은 동시에 정신에서 일어나기를 바라는 영혼과 신체의 결합을 느끼는가? 우리는 달리기가 정신에 대해 신체가 승리하는 신호라고 믿을 수 있다. 그것은 데카르트로부터의 탈출이 아닌가! 사실 우리는 정신 속에서 신체와 더불어 달린다. 그러나 이것은 내재성에의 의존을 결코 의미하지 않는다. 정신 속에서 달리는 것은 의식의 긍정과는 아무 관계가 없다. 정신 속에서 달린다는 것은 정신이 주자가 피곤하거나 어떤 기억이나 어떤 인상을 붙잡고 싶을 때, 그 안에서 끌어올리는 지리학적 환경이라는 것을 의미한다. 정신이 주자의 삶의 환경이라는 것을 긍정하는 것은 주자가 매번 그 환경을 실현한다는 것을 의미한다. 이것은 주자가 정신을 임의대로 사용할 수 있다는 것이 아니라, 달리기의 조건으로서 정신을 정립한다는 것을 의미한다. 그래서 정신은 달리기에 따라서 팽창한다. 허구, 이념, 감정 속에서 사용하기 위해 주자가 끌어 올리는 정신의 최초의 진폭은 곧 그 자리를 점진적인 폐쇄, 정신적 가능성의 감소에 양보한다. 출발에서 정신이 만든 판타지가 달리기의 끝까지 변하지 않고 유지되는 것은 아주 예외적인 일이다. 대개 정신은 신체의 법칙에 복종하기에 이른다. 지면을 반복적으로 울리게 하던 대단한 생각들이 피할 수 없이 김이 빠지고 결국 보일러의 더운물이 고갈되듯이 결국 허망이 사라지는 진부한 가설이 되는 순간이 언제나 온다.

이것은 정신이 신체의 고갈 속에서 사라졌다는 것을 말할까? 아니다. 이것은 정신이 사라졌다는 것이 아니라, 신체 주변에서 정신이 형성되던 삶의 환경이 극단적인 상태에서 마지막 몇 킬로미터의 달리기를 힘들게 유지하던 겨우 존재하는 아주 가는 선도 더 이상 형성하지 않을 정도로 줄어들었다는 것을 의미한다. 그래서 그 대단한 영혼과 신체의 데카르트의 이원론은 스피노자의 평행주의의 교훈으로 끝난다. 달리기 초반에 우리는 데카르트주의자로 출발해서 스피노자주의자로 끝난다. 처음에 우리는 항상 정신이 신체보다 더 위대하다고 생각한다. 어느 지점까지 이것은 사실이다. 그러나 곧 우리는 신체 상태만큼의 철학이 있다는 생각으로 돌아온다. 왜냐하면 지속의 경험이 진정으로 정착할 때, 예를 들어 30킬로미터 지점에서, 의지가 더 이상 신체를 지도하지 못할 때, 결국 두려운 상태에 이르기 때문이다.

여기서 우리는 조심해야 한다. 초반에 순조로운 리듬으로 나아가는 몇 킬로미터에서 주자는 데카르트의 영혼과 신체의 이원론에 복종하는 것이 아니라, 신체 기관들의 자유로운 놀이와 관계하는 능력들의 자유로운 놀이에 복종한다. 달려보지 않고, 신체는 영혼이 그에게 전달한 운동성을 갖춘 자동기계라고 생각하는 사람은 데카르트주의자다. 처음 몇 미터만 달려도 사태는 이와 같지 않다는 것을 우리는 안다. 신체는 영혼에 의해 운동하는 기계라고 생각하는 가설 속에서조차, 가볍게 숨을 몰아쉬기 시작하자마자, 우리의 신체가 전진하기 위해 필요한 운동량을 힘들게 유지하는 "구멍난 관"이라는 것을 고백해야 한다. 사실 달리기는 신체와 영혼 사이의 전체성의 경험 안에 우리를 빠트리는 핵심적인 운동이다. 그리고 결국 우리는 대개 하나의 방식으로만 존재한다고 믿기에 이른다. 그러나 이 아름다운 전체성은 우리가 유리하게 존재하기를 그칠 때 산산이 부서진다. 신체가 무너지기 시작하자마자 영혼은 이탈해서 피곤한 신체의 의사처럼 개입한다. 그것은 구겨진 장갑 속의 의지라고 말해진다. 그러나 이것은 오래가지 않는다. 시간이 주자에게 가하는 변형들은 같은 지점을 공략하는 전기드릴처럼 점진적으로 오만한 의지의 섬들과 오성의 공국들을 붕괴시킨다. 이것은 대개 33킬로미터 지점에서 일어난다. 거기서 데카르트의 도식은 완전히 붕괴되고, 영혼과 신체의 분리는 더 이상 존재하지 않는다.

마라톤 주자는 이 순간을 알고, 그것을 찾으면서 동시에 두려워한다. 그 시간은 신체가 무너지고 길가에 멈추는 순간이다. 때때로 눈물 속에서 말이다. 왜냐하면 더 이상 신체 안에는 에너지를 끌어낼 조금의 영혼도 존재하지 않기 때문이다. 이것은 새로운 경험의 시작이다. 앞을 밝히고 끌어주던 영혼이 더 이상 신체 앞에 없을 때, 하나가 다른 것에 봉사하기를 거부하고 영혼과 신체가 분리된 방식으로 살기 시작할 때 어떻게 달릴까? 여기서 의지를 불러내는 것은 전혀 소용이 없다. 이때 문제가 되는 것은 허약함에 동의하는 것이다. 허약한 삶에 대한 동의는 신체와 정신에 대해서 뿐만 아니라, 연장과 표상들에 대해서도 동시에 말해진다. "인간의 정신은 인간의 신체 그 자체에 대해서 모를 뿐만 아니라, 그것이 존재하는지는 다만 신체가 촉발되는 정감의 관념들을 통해서만 알 수 있다."[16] 즉 인간의 신체는 정신이 느끼는 대로 존재한다고 말할 수 있다. 그러나 더 나아가 "우선 인간 정신의 현실적 존재를 구성하는 것은 현실적으로 존재하는 개체의 관념과 다른 것이 아니다."[17] 스피노자의 발견은 정신은 현실적으로 신체의 관념이라는 것이다. 정신은 초월적인 형상도, 피곤한 신체를 언제든지 끌어 쓸 수 있는 저장고처럼 습득된 것으로 간주되는 분리된 실체도 아니다. 정신은 신체가 자신의 개별적 행위 안에 존재한다는 사실과 다르지 않다. 왜냐하면 연장의 형태

---

16   스피노자, 『윤리학』 II, 19.
17   같은 책, II, 11, p. 81.

에서 신체에 도달하는 것은 동시에 표상의 형태에서 정신에 도달하기 때문이다. 그렇다고 우리가 전적으로 스피노자주의자라고 믿는 것은 잘못이다. 이상적으로, 마라톤맨은 "능력들 간의 자유로운 놀이"를 증명하는 칸트주의자로 시작해서, 생생한 전체성을 형성하고, 더 나아가 그에 대한 감성적 평가, 충만함에 대한 생생한 감정을 가질 수 있다. 이어서 신체가 무너지는 것을 느끼고 다시 기운을 불어넣을 의지를 불러낼 때 그는 여전히 데카르트주의자다. 그리고 "자신의 존재를 지속하는 것"이 문제가 될 때 그는 결국 스피노자주의자로 끝이 난다. 비록 정신과 신체가 평행한 두 시리즈를 형성할 때조차 말이다.

중요한 것은 어떤 철학도 홀로 마라톤맨이 겪는 모든 신체적 변화를 설명할 수 없다는 점이다. 스피노자주의자에게는 최초의 추진력, 즉 정신과 신체의 다양한 활동들 간의 조화가 일어나는 생생한 충만의 감정이 부족할 것이다. 데카르트주의자는 마라톤 경주에 끝까지 가지 못할 것이다. 왜냐하면 의지가 더 이상 작동하지 않는 돌아올 수 없는 지점에 이를 것이기 때문이다. 그리고 칸트주의자의 조화도 오래 지속되지 않고 곧 부서질 것이다. 어떤 철학도 달리기에서는 살아남지 못한다. 주자들은 이 철학들이 치명적이라는 것을 잘 안다.

그러나 잘못을 저지르지 말아야 한다. 어떤 철학의 종말과 새로운 철학으로의 전향은 형이상학적 놀이가 아니라, 그가 누구든 지속의 경험으로 들어가고자 하는 사람에게는 필수적이다. 지속은 변화를 의미한다. 신체와 정신 안에서가 아니라, 신체와 정신 간의 관계를 생각하는 방식 안에서의 변화를 의미한다. 결국 지속은 끝없이 변화하는, 정지하는 것이 불가능한 변화의 경험이다. 이런 의미에서 지속은 카오스와 유사한 경험이 된다. 카오스는 붙잡을 수 없고, 어떤 범주로도 잡을 수 없는 지속적인 갱신이다. 우리의 육상선수 들뢰즈와 가타리로 돌아가 보자. "카오스를 특징짓는 것은 규정들의 부재가 아니라 속도와 더불어 규정들이 생겨나고 사라지는 무한한 속도다. 속도는 하나에서 다른 것으로의 운동이 아니라, 반대로 두 규정들 사이의 관계의 불가능성이다. 왜냐하면 하나가 사라져야 다른 것이 나타나기 때문이다."[18] 지속의 경험을 심화하는 마라톤 주자는 항상 카오스에 접근한다. 마라톤 주자가 하나의 유일한 철학에 접근하는 것이 불가능한 것은 한 접시에 담을 수 없는 표상들의 질주의 징후다. 카오스는 무로부터가 아니라, 집착의 부재로부터 온다. 당신이 왜 달리는지,

---

18 들뢰즈와 가타리, 『철학이란 무엇인가?』, 앞의 책, p. 189.

왜 멈추지 않는지 모르는 채, 끝나지 않는 길 위를 한없이 부유할 때, 당신이 무한한 시간과 공간 안에, 붙잡을 어떤 지표도 없는 하나의 작은 점일 뿐이라는 것을 깨달았을 때, 당신은 카오스 근처에 있게 된다. 이 절대적인 한계 이면에는 아무것도 없다. 이것이 마라톤 주자의 불안이다. 그러나 그것은 또한 그가 맞닥트리기를 원하는 것, 즉 자기의 한계, 욕망이라 불리는 시간과 공간 안에서 부딪치는 궁극점의 한계다. 코나투스(conatus)가 더 이상 자신의 존재 안에서 자신을 보존하려고 하지 않는 시간, 더 이상 욕망이 머물지 않는 시간이 온다. 달리기의 진리는 우울증, 즉 정신과 신체 안에 모든 욕망의 끝이다. 당신의 양말 속에는 더 이상 아무것도 남아있지 않다. 다시 말해 당신은 이제 더 이상 이 무로부터 자신을 보호할 수 없다. 달리기는 이 무를 향한 궁극적인 접근, 욕망의 증거로서 붕괴에 대한 불안감이 된다. 우리는 계속 욕망하기를 욕망하기 위해 달린다. 그래서 무를 향한 접근 속에서 욕망의 지연은 궁극적인 시련이다.

16.

벌거벗은 삶

만일 달리기가 자신을 벌거벗기는 방식이라면? 때는 1960년, 며칠 후면 올림픽이 열릴 것이다. 이탈리아 남부, 후미진 칼라부르에서 청년 미미는 연습을 한다. 그는 달리기를 좋아하고 에티오피아의 아베베 비킬라를 숭배한다. 그의 아버지 니콜라는 그의 미래를 걱정하고 그가 학교 공부를 잘하기를 바란다. 미미는 자라면서 맨발로 달렸다. 그를 믿는 버스 운전기사 펠리스의 도움으로 로마에서 열리는 청소년 경기를 준비하고 그를 믿지 않는 아버지 앞에서 승리한다. 그러나 그에게 중요한 것은 승리가 아니라, 칼라부르의 풍경 속에서 홀로 존재하는 방식, 자기와 자기를 제외한 누구도, 펠리스조차도 속하지 않는 세계와의 조합을 구성하는 것이다. 미미는 그를 빛나게 하고 그를 가난한 이들 중 가장 가난한 사람으로 만드는 일련의 생성에 실려 간다. 달리기 덕분에 가난한 삶은 더 이상 가난한 삶이기를 그친다. 더 나아가 미미의 허약한 주법은 단지 그의 고집을 증명하는 것이 아니다. 그것은 역사상의 모든 패배자, 세상사에 의해 일상의 삶을 잃어버린 모든 삶의 가능성을 상기시킨다. 그것은 원한, 불가능한 만족을 창출하는 불가능한 가능성이 된다.

그러나 칼라부르에서 반복된 달리기는 절대적인 하나의 삶의 현전을 확인한다. 그것은 어떤 어른도, 그의 아버지도 지울 수 없는 노마드의 서명과 같다. 이 서명은 작은 삶의 심리학 안에 우리를 가두는 대신에 아이가 지나온 풍경의 찬란함을 드러내고, 세계의 현전, 세계의 수수께끼를 증명한다. 또한 삶은 달리기를 통해 자신의 삶이 아니라 세계에 반환된다. 세계 그 자체는 존재하기 위해 이 아이의 달리기의 서명이 필요하다. 이것은 달리기의 초심자가 자신과 더불어 운반하고, 넓고 광대한 자기 자신이 될 가능성, 그 광대함을 시험하고 느끼는 세계 안의 현전이다.

그래서 어떤 삶은 자신을 벌거벗길 수 있다. 삶은 자신보다 더 거대한 것을 겪는 순간에 자신의 허약함에 자신을 노출시킨다. 벌거벗은 삶의 허약함은 세계 안에 실존의 순수한 현시를 드러내는 벌거벗겨짐의 경험이다. 이것이 아이가 달리면서 집중하는 것이다. 어떤 사회학적 강독도, 어떤 심리학적 강독도 이 경험을 설명할 수 없다. 어떤 사회적 원인도 어떤 동기에 대한 해석도 아이가 정복하고자 하는 삶의 방식의 높이에 이르지 못한다. 그리고 그 삶의 방식은 최상의 자유의 긍정 속에 머문다. 학교와 집의 다양한 규율들은 달리기를 통한 자기 변형의 실행에 직면해서 금이 간다. 자유는 존재의 방식 안에서 획득된다. 아이가 자유로워지고, 모든 규율들보다 더 넓게 자신을 느끼고, 세계 안에 자신의 현전을 서명하는 것은 다만 자신의 고유한 활동 속에서 변형될 때이다.

처음부터 끝까지 실존을 동반할 수 있는 아이의 꿈이 존재한다. 이 꿈은 삶을 직접적으로 만지고자 하는, 자신의 손안에서 삶을 느끼고자 하는, 이 삶 안에서 내용을 느끼고자 하는 욕망 안에 자리한다. 이 삶에 접근하는 것은 최대한 가장 단순하게 살고자 하는 사람에게만 가능한 것처럼 보인다. 이 단순성을 정복하는 것은 삶을 가난의 서약에 의해 이끌 가능성에 집중할 것을 전제한다. 이 서약은 세계의 현전과 자신의 고유한 현전이 주춧돌처럼 서로를 지탱하는 금욕의 길을 그린다.

아이가 세계 안에 도입하는 것, 칼라브르의 이 꼬마의 길고 고독한 질주로 반복되는 것은 다름 아닌 이 단순성 아닐까? 달리기는 세계와의 혼인을 발명하는 것이다. 이 일은 주자의 유일한 형이상학이고, 또한 자신의 어린 시절로 돌아가는 방식이다. 우리가 세계와 자기 자신에의 현전일 수 있다고 믿는 것—하나가 다른 것에 우월함이 없이—, 그것이 다름 아닌 달리기의 약속이다. 그것은 다만 앞으로 달아나는 것이 아니다. 그것은 자기와 세계 간의 은밀한 합의의 진정한 연습이다.

어쨌든 현전의 탐구는 항상 가장 내밀한 자신의 이면, 부재와 접해있다. 탈진은 경주의 끝에서 올 수 있다. 힘이 빠지면, 주자는 더 이상 자신을 주체하지 못하고 고통을 지연시킨다. 그러나 주자는 고통에 대항해 투쟁해 볼 약간의 의지도 드러낼 수가 없다. 이때 갈망한 현전은 지워진다. 충만은 돌려보내지고 더 이상 그것을 채울 것이 아무것도 없게 된다. 따라서 주자는 무 안으로 들어간다. 이 무는 존재하는 것의 부정이 아니다. 후자의 경우에 주자는 항상 의존할 무엇인가가 있다.

이런 부정은 한 존재자와 같은 가치를 가진다. 여기서 무는 존재 없이 존재하고, 무는 주자가 너무 멀리 갔을 때, 자신의 힘을 너무 많이 소진했을 때, 주자가 빠질 수 있는 세계의 영역이다. 이 지점에서 주자는 무와 마주친다. 마치 주자의 실존이 넘을 수 있는 것처럼 보이는 어떤 한계를 넘어서 정지하는 것처럼.

마라톤에서 이 무를 건너는 것은 준비할 수 없는 궁극적 경험이라는 것은 확실하다. 우리는 고통에 대항해서 단련하고, 고통을 지연시키고, 저린 발로 계속 나아갈 수 있다. 그러나 힘이 다 빠지면, 더 이상 지속할 수 없는, 다시 자신을 재정비할 수 있는 신체적·정신적 자원이 모두 바닥날 수도 있다. 이때 무는 소리 없이 다가온다. 무는 죽음의 문턱과 만난다. 희망과 절망 사이의 경계가 더 이상 유지되지 않을 때, 이 실종의 그림자는 확인된다. 정신과 신체 안에 더 이상 조금의 의지도 없을 때, 인생의 모든 부분이 훼손되었을 때, 좀처럼 끝나지 않던 삶의 욕망이 끝나고, 스피노자가 말한 것처럼 무화의 압력처럼 덮쳐오는 멜랑콜리 안에 빠지는 것이다. 이 상태로 계속 달리는 것은 수수께끼다.

우리가 혼자 달릴 때, 처음에는 모든 생각이 동시에 떠오르고, 서로 관계하고 충돌한다. 마치 아스팔트 위에 반복적인 압력이 웅크리고 있던 생각들을 은신처에서 끄집어내듯이. 이어서 생각들은 정돈되고, 팽창하고, 거의 가스 상태가 되고 대담한 생각들이 저항할 수 없이 솟아오른다. 그러나 얼마 후 곧 아무것도 없게 된다. 추상적인 사유와 마찬가지로 구체적인 사유도 사라진다. 여기에 도달하는 것은 극도의 충만함에 도달하는 것과 같다. 다시 말해 우리는 달리기에서 아무것도 아닌 것에 도달하고, 우리는 우주 안에 우리의 자리에 놓이게 된다. "전체 안에서 자신의 진정한 자리에 존재하기 위해서는 아무것도 아닌 것이 되라."[19] 전적인 타자는 마라톤 주자가 건너는 이 무의 접근이다. 더 이상 아무것도 생각하지 않는 것은 전혀 무의 경험을 하는 것과 같지 않다. 첫 번째 경험에서 문제가 되는 벌거벗음이다. 삶은 벌거벗고 자신을 전개할 유일한 태도로 수축된다. 두 번째 경험에서, 문제는 죽음과의 근접성이다. 더 이상 아무것도 앞으로 나아가는 것을 허락하지 않는다. 이것은 극단적인 피곤이다. 이 상태가 계속될 때, 유일한 출구는 갑작스런 쇠약이나 우울증이다. 이것이 벌거벗은 삶이다. 그것 너머에는 무너짐, 추락, 붕괴만이 존재하고, 이 밤의

---

19 Simone Weil, *L'expérience de Dieu*(『신의 경험』), Cahier VI, Gallimard, 1999, p. 857.

통과는 우리에게 대조적으로 모든 삶의 인간적 애착의 허약함을 느끼게 한다.

　코만치니의 영화-동화 속에서, 칼라브르의 아이는 달리기 덕분에 삶의 벌거벗음을 회복한다. 벌거벗은 삶, 그것은 세계의 현전을 증명하는 삶이며, 미미를 달리게 한 보다 넓은 세계 안에 존재하는 것에서 느끼는 즐거움이다.

17.

달리기의 성(性)

일반적으로 육상은, 다른 스포츠들이 그런 것처럼, 성별/젠더의 법칙(loi de la genre)을 따라 남자 종목, 여자 종목으로 나뉜다. 내가 아는 한에서 트랜스젠더를 위한 스포츠는 없다. 이 성의 분할은 남자의 본성과 여자의 본성은 같지 않다는 생물학적 근거에 의존한다. 그러나 그 바탕에는 여자는 격투기에 적합하지 않으며, 남자와 같은 힘이 없다는 편견으로 가득하다. 따라서 남녀를 나눠야 한다. 스포츠에서 여자와 남자의 본성이 다르다는 믿음은 스포츠의 이웃들인 기자들과 "양식 있는" 아마추어들에 의해 널리 퍼진 일련의 진부한 성적 구별로 이끌렸다. 이것은 스포츠에 성을 만드는 거만한 고정관념의 효과에 의해 성(genre)의 사회적 구성을 무력화할 수 있다고 믿는 것이다. 누구도 달리기 안에서 평등을 재건하기 위해 내세운 핸디캡들이 남자와 여자 간의 전제된 간격으로 되돌아온다는 사실을 생각하지 못했다. 따라서 혼성경기를 가능하게 하는 형평성을 세우기 위해 남자를 여자 다음으로 출발하게 하는 것은 생각할 수 없을까? 스포츠는 이상적인 혼성경기보다 남녀를 구분한 경기를 선호한다. 명목상 스포츠가 관계하는 민주적인 경쟁의 합법성을 유지하기 위해 출발선의 평등이란 허구를 창조하는 것이 중요하다. 이 평등의 허구는 엄격한 경계선들을 긋는다. 즉 그것은 이론적으로 평등에 대한 열정을 가진 사회의 거울처럼 주어진다.

노르베르트 엘리아스는 스포츠는 전쟁을 대신한다는 설득력 있는 가설을 제안했다. 스포츠는 국가 간의 갈등을 해결하는 평화적인 방법이다. 따라서 스포츠는 내셔널리즘의 근대적인 형식이다. 그래서 "올림픽경기는 국가의 대표들이 서로 죽이지 않고 싸우는 것을 허락한다."[20] 그러나 여기서 문제는 평등주의와 겹친 내셔널리즘이다. 스포츠는 평등의 무대를 구성한다고 간주된다. 그 뒤에서 선수들 간의 자유로운 경쟁은 사회적 갈등의 거울이라고 선언될 수도, 거울이 될 수도 있다. 우리는 스포츠 안에서 근대 사회 형태의 설계도를 보기를 원한다. 민주주의의 유니폼 안에서, 스포츠는 선수들을 통해 도시들이나 나라들 간의 새로운 명예의 코드를 대신한다. 이러한 명예는 토크빌이 "민주적인 명예"[21]라고 부른 것의 환상을 품은 체화다. 평등의 열정은 평등과 모순되지 않으면서 위계질서를 가능하게 하는 구분의 의미를 도래하게 한다. 이처럼 전제된 평등이 실질적인 평등을 대신하는 남녀혼성의 이상과 모순되는지는 전혀 중요하지 않다.

이탈리아의 영화감독 난니 모레티는 있을 법하지 않은 두 팀 사이의 수구 경기를 영화로 만들었다. 한 팀은 건장하고 민첩한 젊은 운동선수들로 이뤄진 팀이고, 다른 한 팀은 젊은이, 늙은이, 소년, 소녀, 마른 사람, 뚱뚱한 사람 등 실질적인 평등을 실현하는 팀이다. 나이의 평등을 탁월하게 실천한 이 허구

---

20 Norbert Elias, Eric Dunning, *Sport et civilisation: la violence maîtrisé*(노르베르트 엘리아스, 엘릭 뒤닝, 『스포츠와 문명화』, 2014, 성균관대출판부), Fayard, p. 307.

21 토크빌, 『미국의 민주주의에 대하여』 II, 18장 "미국과 민주 사회 안에서 명예에 대하여."

의 액자구조(mise en abyme) 안에서, 각 개인은 자신들의 성에 굳게 묶여있다. 이 해부학적 구조에서 벗어날 방법은 없다. 이것은 성의 고정관념을 예시하고, 한편의 남성성과 다른 편의 여성성을 수행하는 스포츠 드라마다. 파리의 럭비 선수들에게 극도의 남성화된 공간 안에서 장미로 변화될 가능성을 제공하면서 코드에 맞춰서 하는 경기는 언제나 가능하다. 그러나 이것은 멀리 보지 못하는 유효성이 의심스런 묘책일 뿐이다. 본질적인 것은 선수들이 자신의 성으로 다시 인도되고, 그것을 확인해 주기를 바라고 우리가 매일 남자 화장실과 여자 화장실에 들어가는 것과 같은 엄격함을 가지고 그 성에 포함되기를 바란다. 우리의 성적 구분의 사회적 표지를 확인하면서, 인류학적 분리 속에서 자신을 인정하면서 말이다.[22] 어떤 남자 육상선수나 여자 육상선수가 한계에 이르면 더 이상 그들은 남자도 여자도 아니다. 성적 구분의 혼란이 일어나면, 그것은 즉각적으로 소속 상실의 스캔들로 공포는 두 배로 증가

---

22 Erving Goffman, *L'arrangement des sexes*(『성들 간의 조정』), trad. Hervé Maury, La Dispute, 2002(이 책은 1977년 잡지 *Theory and society*에 실린 어빙 고프만의 "The arrangement between the sexes(성들 간의 조정)"이란 논문을 번역해 단행본으로 출간한 책이다 ― 역주).

한다. 스캔들은 금지된 실체의 취득, 테스토스테론이나 모든 종류의 호르몬 남용을 증명해야 한다. 왜냐하면 신체 안의 혼란(trouble)은 성의 법칙의 전복으로부터만 올 수 있기 때문이다. 전복은 성적 구분이 희미해지는 챔피언의 훈련으로 산출된 "자연적인" 한계의 초월에 의해 발생한다.

플로렌스 그리피스 조이너(Florence Griffith-Joyner)의 긴 손톱은 우리를 안심시킨다. 다시 말해 그녀의 긴 손톱은 신체 속에 여자가 산다는 것을 우리에게 확인시킨다. 반면 캐스터 세메냐(Caster Semenya)의 남자와 같은 신체는 우려를 낳는다. 18살의 소녀 캐스터가 2008년 베를린 주니어 세계육상대회에서 1분 55초 45로 여자 800미터 챔피언이 됐을 때, 세계육상연맹은 그녀가 자웅동체가 아님을 확인하기 위해 여성임을 증명하는 테스트를 강요할 정도로 말이다. 한 명은 대중적 처벌을 받을 것이다. 사람들은 그녀의 세계기록을 박탈하고, 한동안 경기에 나오지 못할 것이라고 생각할 것이다. 다른 한 명은, 그녀가 과도한 마약 섭취로 바닥에 심장마비로 쓰러지면, 사람들의 격찬을 불러내고 눈물을 끌어낼 것이다. 우리는 선수가 약을 먹는 것을 좋아하지, 선수가 남자인지 여자인지 알 수 없는 상황을 좋아하지 않는다. 왜냐하면 이런 성적 혼란은 민주적 평등의 자연주의적 전제에 문제를 제기하기 때문이다.

올림픽의 이상은 건전한 신체에 건전한 정신이 깃든다는 거짓된 순진함에 의존한다. 정신과 신체가 중독된 경우, 그들의 건전함을 증명하는 유일한 방법은 육상선수의 자연적 숙명을 밝히는 것이다. 선수의 성을 드러내는 것은 경쟁을 시작할 때 필수적인 일이다. 또한 극단적으로 성을 결정하는 성적 특징들(sexuations)을 나누면서 신체들 간의 나눔의 구성에 전념한다. 대부분의 스포츠 평론은 성공적으로 이 일에 전념한다. 여자 운동선수들은 여성적이고자 노력한다. 반면 남자 운동선수들은 "사내들"처럼 "경쟁에 몰두"할 것이다. 동성애자들은 이러한 묘사들에서 제외된다. 반면 이 묘사들은 자주 이성애자와의 구분을 강화, 확대하는 데 사용되는 동성애자들에 대한 고정관념들과 관련이 있다. 스포츠는 이러한 성적 구분을 강화하고, 이전의 LP처럼 A면과 B면을 가지고 33바퀴를 도는 방식으로 세계를 보면서 이러한 구분을 가속화한다.

경기 종목들과 미디어에 의해 자연스러워진 이런 '성적 구분'을 모든 스포츠 경기 안에 내재하는 "성들의 이웃관계(voisinage des sexes)"라는 개념[23]과 대립시킬 수 있을까? 마라

---

23 "성들의 이웃관계"라는 개념은 사빈 프로코리스의 『정해진 성』(Sabine Prokhoris, *Le Sexe prescrit*, Flammarion, "champ", 2002)에서

톤과 장거리 경주는 여자, 남자. 장애인, 젊은이, 늙은이, 마른 사람, 뚱뚱한 사람이 모두 함께 참여하는 유일한 경기다. 이 개념은 확장된 혼성 안에서 만들어진 트로피다. 그러나 사태는 항상 이와 같지 않다. 마라톤이 "사내들"의 일이었던 때가 있었다. 마라톤 주자들이 다른 나라들에 대항해 자신의 조국을 위해 싸우는 진짜 전사들이라면, 마라톤은 여자들의 일이 아니다. 왜냐하면 전쟁을 하는 사람은 남자들이기 때문이다. 남성의 고정관념은 여기서도 전적으로 작용한다. 왜냐하면 남성의 고정관념은 전쟁을 위해 집을 떠난 남자의 모습과 그를 기다리는 여자의 모습을 믿도록 하기 때문이다. 올림픽에서 최초의 여성 마라톤은 1984년에야 시작되었다. 첫 우승자는 미국의 조앤 베노잇(Joan Benoit)이었다. 그러나 그것은 올림픽에서 남자 육상과 여자 육상을 분리함으로써 가능했다. 달리기에서 성을 완벽하게 시험하기 위해서는 1967년 보스턴 마라톤으로 돌아가야 한다. 그 당시 여자들은 마라톤에 참여할 수 없었다. 그럼에도 불구하고 여자들은 달렸고, 그들 중 몇몇은 캐스린 스위처(Cathrine Switzer)처럼 등번호를 달고 달렸다.

빌려왔다(이 개념은 남녀에게 공통된 성적 요소의 현전을 의미한다
– 역주).

그때 주최측은 캐스린을 대열에서 제외시키기 위해 그녀의 뒤를 쫓았다. 그러나 등번호 없이 달린 다른 주자들의 도움으로 그녀는 끝까지 달릴 수 있었다. 한 해 전인 1966년에 여성으로서 마라톤을 처음으로 완주한 로베르타 깁(Roberta Gibb)처럼 주최측을 혼란시키기 위해 등번호 없이 달린 주자들의 도움을 받아서 말이다. 그 당시 성의 혼란은 절정이었다. 출발하기 위해 로베르타 깁은 오빠의 "헐렁한 운동복 바지"를 입어야 했고, 후드 속에 얼굴을 감춰야 했고, 출발 전에 덤불 뒤에 숨어 있어야 했다. 달리기 시작했을 때, 그녀는 마녀의 빗자루를 따라서 올라탄 탈주선 덕분에 자신이 어디로 가는지 몰랐다. 관객은 물론 다른 주자들도 그녀를 응원했다. 관객들의 함성이 그녀의 보호망을 형성했다. 주지사 볼프마저도 도착지점에서 그녀와 악수를 하지 않을 수 없었다. 오늘날에는 달리기에서 성(sexe)이 사라졌다. 모두 함께 달린다. 무리 속에는 여자, 남자, 젊은이, 노인, 장애인들이 있고, 국경 없는 세계, 에로틱한 지각을 배제하지 않는 새로운 평화주의자의 철학의 조건을 형성한다. 1933년 말레비치가 그린 〈달리는 사람〉은 달리는 여자로 보일 수도 있다. 물론 기록을 담당하는 부서는 새로운 국경을 만들기 위해, 젠더의 법칙을 따라서 주자의 성을 재구축한다. 그러나 중요한 것은 아마도 다른 곳, 무리 속에 트랜

스젠더가 되는 것 속에 있는 것처럼 보인다.

18.

기 드뤼

기 드뤼(Guy Drut)를 기억해야 한다. 1976년, 그날은 허약한 백인들의 시간이었다. 사람들은 그들이 방금 『마의 산』의 요양원에서 나온 사람들이라고 믿을 수 있었다. 그들은 마치 주자의 삶이란 서투른 삶, 다가올 경주, 스타팅 블록을 차고 나갈 미래를 기다리는 과거의 삶인 것처럼 다소 물러서 있었다. 순순한 공간 속으로의 침몰, 거대한 빨간 트랙 안에서 호흡 곤란을 일으킬 수 있는 110미터가 있다. 110미터는 한계를 형성하는 것, 끝까지 가는 것으로도 그것을 설명하기에 충분하지 않다. 그것은 4년마다 혹은 2년마다 선수들과의 만남 속에서 육상선수에게만 돌아오는 모험의 세계다. 선수가 이 세계 안으로 들어가면, 그는 더 이상 존재하지 않으며, 그는 어떤 궁수도 쏠 수 없는 화살이 된다. 그러나 이전과 이후에 그는 그에게 너무 광대한 우주의 변두리에서 허약한 인간으로 되돌아온다. 속도을 내는 주자들은 어느 순간 링 위에 권투선수처럼 상대를 서로 훑어보는 우리에서 풀려난 맹수가 되는 시간이 올 것이다. 허약해질 수 없다는 이유로 과장되게 시간을 다투고, 근육과 달라붙은 운동복으로 이뤄진 모든 것이 빈틈없는 스펙터클이 되는 시간이 올 것이다. 기 드뤼와 피에르트로 메네아(Pietro Mennea)는 다른 세계에 속했다. 그들의 실루엣은 "헐렁한 운동복" 아래에서 흔들렸다. 다만 이탈리아팀 주자의 파란 유니폼만이 잘못된 정보를 흘리고 있었다.

그런데 얼마의 시간이 필요할까? 100미터에서 이탈리아팀 주자는 올림픽 챔피언이 아닌 4등, 200미터에서도 다시 4등으로 1980년 모스크바를 기다려야 한다. 그럼에도 불구하고 캐나다의 밤은 이탈리아의 영광, 승리의 표시로 공중에 손가락을 들어 올린 달리기 경주의 이티(ET)의 시작이었다. "봐라, 내가 여기 있다"고 말하는 들어 올린 손가락은 욕설이나 공포가 아니라, 공간 속에 발사된 로켓탄을 요약하기 위해 들어 올린 것이다. 그날 밤, 나는 9살이었는데, 부모님은 한밤중에 나를 깨웠다. 시차가 그 절정이었다. 110미터 장애물 경기에서 어떤 프랑스인이 준비하고 있었고, 기 드뤼라는 아주 간단한 이름에 대답했다. 10개의 장애물을 넘은 결과는 13초 30. 그는 자신이 이겼는지 몰랐다. 그와 알레잔드로 카사나스(Alejandro Casanas)는 가장 잘 달렸고, 그들은 동시에 나란히 골인했다. 승자 판별을 위해 사진이 필요했다. 진정한 경주였다. 1등은 부차적이었다. 그 두 사람은 인간과 멀어져서 올림포스산의 신들이 된 것 같았다. 그들은 구름 위에 서 있었다. 몇 초 후에 판결이 났다. 온몸을 사용한 달리기 기술이 작용했다. 기의 어깨가 알레잔드로보다 먼저 결승선을 끊었다. 기가 챔피언이 되었다. 그는 피에트로 메네아처럼 손가락을 들어 올리고 경기장을 돌았다. 그는 다른 사람들처럼 다시 사람이 되었다. 그 밤은 그의 밤일 것이고, 그 이후의 날들은 그의 날일 것이다. 그러나 더 이상 신성은 없다. 승리 후에 그는 걱정스러운 눈초리로 무슨 일인지 물으면서 주저하는 어린아이 같지만 동시에 진지했다. 대주자는 사실 어디에 몸을 두어야 하는지를 몰랐다. 적어도 그때는 말이다.

왜냐하면 겉으로 보기와 달리, 달리기 경주는 힘의 예찬

이 아니기 때문이다. 영원히 그렇지 않을 것이다. 달리기는 느림을 휴가 보내고 인간의 형태를 지우는 속도-되기(un deve-nir-vitesse)이며, 트랙 위에서 탄환으로의 변신이다. 변신은 이 융합으로 들어가는 것을 목적으로 한다. 육상선수가 찾는 것은 출발선과 결승선으로 나눠진 직선을 정복할 수 있는 힘을 시험하는 것이 아니다. 그것은 속도의 장치 안으로 들어가기 위해 선수 자신의 상태의 변형을 준비하는 것이다. 왜냐하면 속도는 신체와 장소와 시간의 구성이며 배치이기 때문이다. 그러나 이 배치는 이 모든 것들의 속성을 변형시킨다. 그것은 새로운 현실, 이전의 모든 기준의 바깥에 있는 속도를 추진시킨다. 여기서 중요한 것은 육상선수가 출발해서 몇 걸음 내에서 찾는 것은 속도로의 전향이다. 출발선 옆에서 제자리 뛰기를 하면서 선수는 곧 사라질 힘, 자신의 변신을 받아들이게 하는 추가적인 강도를 찾는다. 물론 다른 주자들, 옆에서 변신을 준비하는 다른 선수들도 있다. 그러나 중요한 것은 다른 이들의 변신이 아니라, 그 자신의 변신이다. 그리고 필요한 것은 즉시 앞으로 자신을 투척하는 것이다. 스타팅 블록은 세례와 같다. 그는 순수한 속도를 낳아야 한다. 이 속도는 시간 바깥에 매달려있으며, 트랙 위로 활공한다. 빛의 레인을 타고 질주하는 선수의 흔적을 쫓으면서 관객들이 포착하려는 것은 바로 이 속도다.

곧 우리는 변신 속에 있는 학생들이라기보다는 맹수와 같은 주자들을 보게 될 것이다. 이것은 힘이 서투름보다 가치를 가지는 시간일 것이다. 이 시간은 스펙터클 사회의 도래가 될 것이다. 아마도 오늘 우리는 이 순간을 선수들의 허약함이 여전히 드러나는 거만하지 않은 스펙터클의 순간으로 상상해 볼 수 있을 것이다. 1976년 몬트리올은 여전히 이 시간에 속한다. 적어도 내가 어렸을 때에는 말이다. 아이는 캐나다의 트랙을 모든 변형에 열린 실험실로 상상했다.

19.

두 명의 영국인과 대륙

어느 순간에 그들은 이 지상에 두 사람, 오직 둘일 것이다. 그들은 더 이상 서로 좋아하지 않을 때에도 서로를 떠나지 않는다. 그들은 영국 왕실의 신하다. 그들은 멀리, 어디든 빨리, 아주 빨리 간다. 한 명의 이름은 세바스찬 코(Sebastian Coe)다. 그는 1956년 런던의 치즈윅에서 태어났다. 그는 육상 선수로서의 길을 서두르지 않았다. 14살 때 그는 아버지에게 등 떠밀려 동네 클럽에서 운동을 시작한다. 5년 후 그는 1500

미터에서 처음으로 청소년 국가대표로 뽑히고, 같은 해 3분 45초 1로 아테네에서 동메달을 딴다. 21살에 그는 800미터 유럽 챔피언이 되고, 1978년 같은 거리에서 영국 신기록을 세운다. 그때 그는 스티브 오벳(Steven Ovette)을 만난다. 1955년 서식스주 브라이튼에서 태어난 스티브는 1971년 이래로 주목받던 사람이고, 또한 18세 때 유럽 챔피언이 되었다. 그것은 1978년 유럽 선수권 대회가 열린 프라하에서였다. 그날 스티브는 800미터 경주에서 세바스찬을 앞서고 있었고, 1분 44초 8로 영국 기록을 깨면서 2등으로 들어온다. 그리고 1500미터에서 3분 35초 59로 챔피언이 된다. 경기 안에 경기. 나중에 런던에서 세바스찬은 스티브가 그에게서 훔친 영국 기록을 되찾는다. 이 두 사람은 더 이상 헤어질 수가 없게 된다. 비록 그들이 트랙에서 양극에 자리했지만 항상 그들은 같이 어깨를 나란히 하고 도는 순간이 온다.

세바스찬은 작고 스티브는 길고 홀쭉하다. 함께 성장하면서 그들은 단짝이 된다. 두 몸을 가진 한 사람처럼, 둘을 연관시키지 않고는 하나를 파악하기 불가능하다. '꽃핀 소녀들의 그늘에서' 개인들을 모으고 실질적으로 유일한 개인이 되는 집단과의 연관성 없이는 개인을 파악할 수 없는 프루스트적 화자처럼, 나는—그 어린 시절 TV 앞의 아이에게는—그 둘을 떼어서 생각하는 것이 불가능하다. 하나가 보이면 곧 다른 하나가 보인다. 이 상황에서 경쟁자가 된다는 것은 쉽지 않은 일이었을 것이다! 스포츠는 영광을 약속하고, 개인에게 승리를 돌린다. 그러나 두 명의 챔피언은 서로 떨어질 수 없다. 마치 두 개의 머리를 가진 개인과 같다.

그들이 따로 존재한다는 사실을 더 잘 확신하기 위해서, 그들은 서로를 피하고, 만나는 것을 자제한다. 그러나 그들은 계속 저항할 것이다. 거리를 두고서, 시간적 간격을 가지고서. 그들은 각자 홀로 세계에 존재하기 시작하고 그것을 믿기 시작한다. 각자에게 삶을 불가능하게 하는 쌍둥이 형제 없이 말이다. 영광은 단 한 번뿐이다. 스티브는 1978년, 세바스찬은 1979년에 800미터, 1000미터, 1500미터에서 세계신기록을 갱신한다. BBC에서 "스포츠의 해"라는 타이틀로 방송을 장식한다. 그리고 1980년 세바스찬은 1000미터에서 세계신기록을 추가하고 중장거리의 모든 기록을 보유한다. 스티브는 때를 기다린다.

이 두 선수의 경기는 1980년 모스크바에서 열린다. 대처 총리의 올림픽 보이콧에도 불구하고, 그들은 냉전을 끝내기 위해 경기에 참여한다. 여기서 우리는 놀라운 역전을 목격한다. 2년 동안 800미터에서 일인자였던 세바스찬은 스티브에게 자리를 양보한다. 이 경기에서 스티브는 550미터 지점까지 잘못된 페이스와 선수들에게 둘러싸인 세바스찬의 덕을 본다. 이어서 마지막 250미터에서 세바스찬의 가속을 제압한다. 그러나 스티브는 1500미터에서—그 당시 이 종목에서 스티브를 따를 사람이 없었다—마지막 100미터를 12초로 달린 세바스찬에게 자리를 양보한다. 결국 둘은 각각 다른 사람의 옷을 입고 달린다. 장거리 경주에서 소중하게 획득한 개인성은 만남의 시간에 의해 흔들린다.

　이러한 자리 바뀜은 정복이 아니다. 속도와 가속은 개인성을 대체할 수 있게 한다. 그 시간 속에서 실존들은 그 자체로 존재하는 리듬의 불안정한 정상화일 뿐이다. 스티브와 세바스찬은 속도의 순수한 현상들을 지시하기 위한 이름일 뿐이다. 이런 관점에서 스티브가 같은 해 코블렌츠에서 1500미터 세계기록을 다시 찾았다는 것은 별로 중요하지 않다. 각각은 타자의 그림자 속에 산다. 영광은 변하지 않는다. 그것은 나눈 영광이다.

　심지어 병도 나눈 것처럼 보인다. 세바스찬은 1982년 단핵 백혈구 증가증에 걸리고, 다음 해 톡소플라스마병으로 헬싱키에서 열린 세계육상경기를 포기한다. 스티브는 1984년 로스엔젤레스 올림픽 1500미터 결승전에서 천식으로 트랙 바닥에 쓰러진다. 유성 같은 세바스찬에게 이 경기는 올림픽 기록 갱신을 위한 기회였다. 반면 며칠 전에 그는 800미터에서 브라질의 새로운 신동 요아킴 크루즈에게 패배한다. 승리 후에 세바스찬은 겸손하게 "다시 올림픽에 참여할 수 있어서 기쁘다고, 그동안 힘들었고, 긴 정신싸움이었다고, 1982년부터 나를 괴롭힌 모든 염려와 모든 의심 후에 드디어 나는 모스크바에서보다 더 큰 행복을 느낀다고 말한다. 4년 후에도 세바스찬은 여전히 달린다. 비록 그가 서울 올림픽 참가 선수로 선발되지는 못했지만, 800미터에서 1분 43초 34로 그의 다른 기록에 뒤지지 않는 기록을 세우기도 한다. 그리고 1989년 그의 나이 33세에 베른에서 같은 일이 반복된다.

사람들은 자주 예외적인 육상선수는 탁월한 개인성을 획득하고 전설이 된다고 말한다. 그래서 사람들의 아주 사소한 사실들과 행동들을 쫓는다. 그러나 스티브와 세바스찬의 경우 사정은 그와 조금 달랐다. 하나는 다른 하나의 영광이었다. 결국 그들이 그들 자신으로 존재하지 않고, 떼어낼 수 없는 머리 두 개의 히드라로 존재하는 한에서 말이다.

20.

레인 안의 삶

마리조제 페레크는 어느 날 갑자기 처음 등장한다. 그녀는 끝날 것 같지 않은 아주 긴 다리를 가지고 있었고 육상의 역사 속에 날짜들을 기록한다. 아마도 아이는 그 긴 다리로 무엇을 해야 할지 몰랐을 것이다. 그러나 시간은 그녀 뒤에 있다. 시간이 어떤 당혹스러움을 가지고 표면으로 올라온다면, 그것은 달리기 전이나 후의 순간들이지 절대로 달리는 동안은 아니다. 400미터가 주 종목이었던 그녀의 긴 다리는 달리는 동안 그저 완벽하다. 비록 그 방식이 누구와도 닮지 않았다고 해도. 과들루프의 바스테르에서 태어난 그녀는 처음에 스포츠에 관심이 없었다. 언니와 재미로 농구를 했을 뿐이다. 육상과 인연을 맺은 것은 우연한 일이었다. 누군가 그녀를 주목하고 청소년 대회에 나갈 것을 권유한다. 그녀는 육상화를 신고 달려본 적도, 스타팅 블록에서 출발해본 적도 없다. 그러나 그녀는 이미 다른 곳을 향해 길 위에 있다는 것을 믿어야 한다. 그녀는 전국체전 청소년 선발전에는 간신히 뽑혔지만, 파리에서는 2등을 한다. 그녀가 사랑하던 "그녀의 바스테르"와는 비교도 할 수 없는 낯선 수도에서 말이다.

삶은 이야기되지 않는다. 마리조제 페레크의 삶도 다른 삶과 다르지 않았다. 사람들은 한 아이가 세 번이나 올림픽 공식기록을 세웠을 때는 어떤 논리가 있을 것이라고 믿는다. 그녀는 1992년 바르셀로나 올림픽 400미터에서, 1996년 아테네 올림픽 400미터와 200미터에서 금메달을 획득한다. 올림픽 역사상 그토록 많은 메달과 400미터에서 2연패 한 사람은 그녀가 처음이다. 그러나 그 삶에는 어떤 논리도 없다. 모든 것은 멈출 수 있고, 틈들이 있다. 그 틈은 우리가 들어갔다가 나올 수 있는 회색 세계가 될 수 있다. 아무것도 삶을 예정하지 않는다. 달리기는 허약한 사건이다. 초반에 그녀를 지도하던 트레이너는 그녀가 400미터에 적합하지 않다고 판단했다. 그녀의 긴 다리와 큰 키가 당혹스러웠다. 그는 그녀에게 200미터가 적합하다고 생각했다. 그러나 그녀는 의심 속에서 다른 생각을 하고 있었다. 그녀는 달리기를 원하지 않았고 육상에 대한 믿음을 접었다. 정말 그녀는 믿지 않았을까?

어떤 삶은 구멍들로 이뤄진다. 검은 구멍. 그녀는 학교를 그만두었다가 다시 시작하고, 다시 그만두고, 이런저런 작은 일들로 생계를 이어간다. 다만 트랙은 마약이고 사랑이다. 트랙과 만나면, 그녀는 항상 레인으로 돌아온다. 그녀는 자기 레인을 선택하지 않는다. 절대로 선택하지 않을 것이다. 그러나 이제 그녀는 삶의 이유가 생겼고, 그것은 모든 것을 변화시킨다. 그녀는 유럽을 여행한다. 1989년 실내 경기장에서 있었던 유럽 선수권대회 200미터 금메달, 부다페스트 실내 경기장에서 있었던 세계선수권대회 6등, 프랑스어권 경기 200미터 금메달. 그녀는 레인에 강하지 못하다. 바르셀로나에서 열린 세계선수권대회 400미터에서 1등으로 들어왔으나 그녀는 옆 선수 레인을 밟아서 탈락한다. 그녀와 같은 삶이 레인 안에서 유지될 수 있을까?

그녀는 자주 부상을 당한다. 그녀의 길고 허약한 몸은 그녀에게 힘을 주는 것이다. 또한 그것은 다른 사람들이 너무 멀리 간, 거기에서 그녀가 멈추는 것을 가능하게 했을지도 모른다. 1991년 도쿄, 스트레스로 그녀의 몸은 더 이상 원래의 몸 상태가 아니다. 그녀는 잘 먹지 못하고, 힘들게 숨을 쉰다. 그럼에도 불구하고, 그녀는 사정없이 이륙한다. 한 경기, 한 경기 예선을 거쳐 결승 가속지점까지 ─ 결승점 280미터 전까지─계속 거리를 넓혀간다. 그녀의 뒤를 따르던 경쟁자인 독일의 그리트 브로이어는 더 이상 그녀와 경쟁할 수 없다. 다음 해 1992년, 그녀의 기록은 50초 아래까지 내려간다. 그녀는 매 경기 조금씩 기록을 경신하면서 마침내 바르셀로나 올림픽 준결승전에서 49초 48의 기록을 세운다. 여기에 24년 전 400미터 올림픽 챔피언, 콜렛트 베송의 그림자가 날고 있다. 마리조제 페레크는 다른 사람들처럼 미신을 믿는다. 그녀는 우상과 같은 5번 레인에 서 있다. 그럼에도 불구하고 결승점 100미터 전에 아직 제쳐야 할 두 선수, 챔피언 올가 브리즈기나와 콜롬비아의 시메나 레스트레포가 있다. 그러나 마지막 커브는 그녀의 것이다. 커브는 49초 아래로 내리면서 마지막 직선코스에서 이륙하기 위해 그녀의 다리를 더 빠르게 늘릴 수 있는 비밀의 일격이다.

그녀는 캘리포니아로 이주하고 삶이 바뀐(여전히 레인에서의 삶이지만) 이후 1996년 애틀랜타에서 같은 일을 반복한다.

그러나 그것은 다른 종목인 200미터에서 일어난다. 처음에 트레이너는 그녀가 200미터에만 전념하기를 원했다. 400미터에서 200미터로 변경하는 것은 생각할 수도 없었다. 비록 400미터에서도 스피드가 중요하지만, 그것은 800미터에 더 가깝다. 200미터는 순수한 속도의 싸움이다. 호흡정지 상태의 단거리 선두들만이 접근할 수 있는 경기다. 그래서 200미터는 100미터 주자들의 영역이다. 그리고 초록색 유니폼을 입은 빛나는 자메이카의 마를렌느 오티가 있었다. 준결승전에서 오티는 2등, 마리조제는 1등을 한다. 36세의 오티, 그녀는 올림픽 경기라는 영광의 자리에 익숙하다. 이번은 그녀가 금메달을 따는 마지막 기회였다. 또 먹기를 거부하는 몸이 있다. 시간이 흐르고, 결승전 바로 전에 그녀의 당이 정상치에 이른다. 결국 페레크는 오티를 앞서 결승점에 들어온다. 그러나 그녀는 기쁨을 억제한다. 그녀는 자메이카 사람이 금메달을 딸 마지막 기회를 박탈했다는 것을 알기 때문이다.

마리조제 페레크는 레인 안에서 갑갑함을 느낀다. 그녀는 다시 트레이너를 바꾸고, 트랙 주변을 방황하고, 돌아오고자 노력한다. 2000년 시드니 올림픽에서 우리는 그녀를 다시 볼 수 있었다. 호주의 400미터 육상선수 캐시 프리먼은 호주의 아이콘이자 호주의 하늘에 뜬 별이었다. 어떤 경우에도 마리조제는 이길 수도, 이겨서도 안 되었다. 그녀가 호주에 도착하자마자 기자들이 그녀를 에워쌌고, 사람들은 그녀가 다른 프랑스 선수들과 떨어져 지낸다는 사실을 비난했다. 그것은 사실이었다. 그러나 이 거리는 형이상학적 프로그램이었다. 그녀는 잘 돌아오기 위해서는 멀어져야 한다는 것을 알고 있었다. 이것은 그녀가 어려서부터 지금까지 항상 해온 것이다. 그녀는 선수촌과 멀어져 같은 육상인이기도 한 남편과 다른 호텔에 묵었다. 그러나 이번에는 양심 없는 사진기자들의 추적에 포착되었다. 사람들은 그녀가 호주를 떠나기를 바랐다. 호주는 400미터에서 두 여왕을 위한 자리가 없었다. 사람들은 그들의 아성에서 그녀를 밀고, 압박했다. 그리고 사진기자들은 그녀에게 몰려들었다. 그녀는 더 이상 멀어질 수 없었다. 그녀는 레일 밖으로 밀려났다. 결국 남편과 공항으로 도망쳐서, 400미터에서 뛰지 못한다.

너무 멀리 가면 더 이상 돌아올 수 없게 된다. 그것은 의혹 없는 단호한 도망의 결과였다. 오랫동안 달리기는 또한 그녀에게 도망이었다. 어렸을 때 그녀는 특히 달리고 싶지 않았다. 그녀는 단지 거기에 있기를 원했다. 그녀가 원하는 것은 구름의 모습이나 별이 쏟아지는 하늘을 볼 수 있는 것, 종려나무에 아래서 바람을 느끼는 것, 모든 것을 작게 만드는 끝없이 넓고 깊은 파란 바다를 보는 것, 그녀 주변에서 익숙한 소리들을 듣는 것이었다. 그녀는 어린 시절을 포기했을까? 아니면 반대로 아이는 자신도 모르게 덥고 축축한 시드니에서 어린 시절의 자신을 떠올렸을까? 공식적인 무게와 경기의 영광으로부터 그녀를 멀리 보내는 비행기 안에서 그녀가 육상을 시작하기 전의 자신의 삶을 돌아보는 것을 상상하는 것은 불가능하지 않다. 그녀의 삶은 비행기 창문 너머 순수한 하늘 속에서, 구름 아래에서, 그녀의 등 뒤에서, 그녀의 또 다른 시간들을 기다리고 있었다. 내일은 다른 삶을 위한 다른 날일 것이다. 내일은 내일의 것일 것이다.

21.

두 번째 호흡

　기진맥진한 사람이 다시 살아날 수 있을까? 두 번째 기회라는 것이 가능할까? 모든 사람은 언젠가 두 번째 기회를 얻기를 소망한다. 모든 것이 엉망이고, 삶이 실패한 것처럼 보일 때, 두 번째 기회의 부름은 재탄생에 대한 절대적인 열망—특히 더 이상 여기에 머물지 않기, 파멸을 피하기, 최악으로 치닫는 것을 막기—이다. 누가 그가 다시 태어날 때를 선언할까? 사실 우리는 모른다. 그러나 바로 이 무지가 두 번째 기회의 부름에 모든 가치를 부여한다. 왜냐하면 기회는 이전의 논리 안에서 발생하지 않기 때문이며, 예상되지도 명상되지도 않을 것이기 때문이다. 그것은 물에 빠져 죽어가는 사람에게 던져진 구명튜브와 같다. 그 이유도 모른 채, 갑작스러운 이 결정은 때가 되면 오고, 오지 않을 수도 있다. 이렇게 두 번째 기회는 첫 번째 기회 안에 희망으로 남아있는 것이 아니다. 우리는 영웅임에도 불구하고, 무로 몰릴 때, 절망적인 미래와의 계약을 스스로 제안했다고 상상하는 영웅들을 본다. 죽음의 선고를 받은 죄수가 마지막 순간에 사면되는 것처럼, 용서할 수 없는 거짓 사랑에 속은 남자가 갑자기 연인의 급변하는 태도로 인해 안색이 살아나는 것처럼. 할리우드 영화는 이런 식으로 두 번째 기회를 포착한다. 두 번째 기회는 우리를 결국 다시 불행을 낳을 은총의 기적 속으로 던지기 위해서만 숨가쁜 체험을 그린다.

그러나 두 번째 기회는 다만 다른 곳에서 오는 가설적 해결의 기다림 안에 있지 않다. 그리스 비극에 적합한 이 주제에서, 할리우드는 그리스적이고 라틴적인 영웅의 간계를 부활시킨다. 가장 어두운 곳에서 길을 만들고 기회를 포착하기. 첫 번째 기회가 끝나고 아직 두 번째 기회가 나타나지 않았을 때 부정적인 영웅의 이 주제를 어떻게 생각해야 할까? 모든 것은 최초의 재앙 안에서 작동하지 않을까? 희망의 제거 안에 점선이 남아있다. 불행한 영웅은 때가 되면 사용될 불행에 대한 인식을 간직하고, 상처 속에서도 결국 힘으로 끝이 날 비극적 지식을 축적한다. 할리우드는 두 번째 기회가 가진 모든 종류의 감상적, 사회적, 정치적 변화를 그 바닥까지 끌어낸다. 그것은 우리 시대의 문장(紋章)이 되었다. 모든 것이 작동하지 않을 때, 아직도 사용 가능한 운동의 맹아가 남아있다. 문제는 어떻게 이 운동들을 포착하고, 부동성에 묶인 신체를 흔들까이다. 바로 여기에 다시 시작하고, 모든 재난의 논리로부터 빠져나오는 새로운 탄생을 의미하는 새로운 이동성의 내기가 있다.

만일 달리기가 이 두 번째 기회의 연습이라면? 다시 태어나는 것이 가능하다는 것을 자신의 몸으로 증명하기 위한 시도라면? 다시 태어나는 것은 결국 두 번째 호흡을 얻는 것이 아니라면 무엇일까? 사실 두 번째 호흡은 달리기 경주의 쟁점 중 하나다. 옆구리가 꼬이고, 흉부 압박으로 더 이상 달릴 수 없을 때, 주자는 첫 번째 호흡에서 두 번째 호흡으로 옮기려 한다. 이상적으로 주자는 첫 번째 호흡 속에서 두 번째 호흡을 준비하기를 원한다. 다시 말해 그가 달릴 준비가 되었다는 인상을 받길 원한다. 그러나 주자가 첫 번째 논리 속에 있을 때,

두 번째 논리의 가능성을 생각하는 것은 불가능하다. 첫 번째 세계의 규제 철폐에 대한 해결로서 두 번째 호흡의 욕망이 생각되기 위해서는 첫 번째 호흡이 이상해지고 기진맥진해질 때까지 기다려야 한다. 달리기는 이때 시련 속의 시련, 새로운 삶의 시작인 두 번째 호흡의 탐구가 된다.

두 번째 호흡과 두 번째 기회 사이에는 밀접한 유비가 존재한다. 그러나 이 유비는 할리우드식이 아니다. 그것은 만연한 감상의 메커니즘, 삶의 감성적 확장 속에서 퍼낸 보상을 전제하지 않는다. 그것은 차라리 달리기에서 두 번째 호흡의 가능성을 배우고, 새로운 철학을 엿보는 것이다. 그 안에서 새로운 철학을 엿볼 수 있다. 두 번째 기회는 할리우드식의 데우스 엑스 마키나(Deus ex machina)를 함축하는 것이 아니라, 달리기 안에 작동하는 끈질김의 일상적인 겸손이다. 달리기는 겸손의 고백이다. 한 발이 다른 발을 이끌고, 또 한 발이 나아간다. 그 이상도 그 이하도 아니다. 두 번째 기회의 가능성은 이미 이 두 번째 발걸음 안에 자리한다. 여기서 우리는 다시 베르그손을 발견한다. 두 번째 기회는 첫 번째 기회 안에서 예상하지 않았던 것의 현실태화다. 첫 번째 기회와 두 번째 기회 사이의 연속성은 이 긴 특이성 되기(un devenir singulier)다. 언제 단절이 오는지 말하는 것도, 우연의 두 지도를 분리하는 지리학적 선을 그리는 것도 불가능하다. 느낄 수 없을 정도로 조금씩 하나가 다른 것으로 물들고, 하나가 점진적으로 예상할 수 없는 사건으로 전향한다. 따라서 삶은 첫 번째 기회에서 두 번째 기회로, 두 번째에서 세 번째로의 연속적인 전향이라고 말해야 한다. 마치 달리기가 첫 번째 발이 두 번째 발로, 이어서 세 번째 발로 … 빠르게, 물 흐르는 듯한 연속적인 전향이듯 말이다.

22.

"자본주의의 종말보다
세계의 종말을 생각하는 것이 더 쉽다"

우리는 양장본 책들 속에 도약하는 말의 실루엣이 실린 색이 발한 삽화들을 기억한다. 그 속에 희미한 윤곽들은 어디선가 나타난 말을 탄 기사의 몸을 구성한다. 그것은 재난의 도래를 알리기 위해 온 세계 종말의 기사들이다. 재난은 보이지 않지만 알려진다. 그들을 제외하고 누구도 그것을 믿지도 보지도 못한다. 그들은 달리기에 의해서만 입증되는 심연 옆을 달린다. 달리기는 시간에 맞추어 진행되던 일들의 흐름을 붕괴하는 항상 작은 세계의 종말이다. 꽉 찬 하루의 일정 속에서 잠깐의 **외출**을 삽입하는 것은 때때로 무용담에 속한다. 나가는 것 이외에는 다른 생각을 더 이상 해서는 안 된다. 그때는 단지 달리기의 절대적인 욕구가 사라지지 않을 때이다. 집착이 너무 심해서 우리는 되돌릴 수 없는 일, 언젠가 그 대가를 지불하게 될 일상의 즐거운 전복을 저지르기 위해 하루의 일과 중 덜 바쁜 시간 속으로 서둘러 들어간다. 주자의 즐거움은 따라서 사기꾼의 즐거움에 속한다. 주자는 결국 일과에 상처를 내고 전적으로 새로운 즐거움에 취한다. 그가 갑자기 후회에 사로잡혀서 속도를 내는 것은 아무것도 변화시키지 못한다. 사물의 질서 안에서 이 작은 차이는 그에게만 속한다. 그것은 금욕주의에 의해 강요되는 일종의 연금술의 1단계(oeuvre au noir), 단조로운 금욕주의다.

그의 유일한 영광은 고정된 생각을 붙잡고 집착을 낳는 완강한 삶으로부터 온다. 정원 한가운데 있는 우물과 같은 집착은 세계의 모든 요소를 제자리에 놓는다. 이러한 생각에 집착하는 것은 확실히 미친 짓이다. 사실 그것 이외에 상책이 없기에 이러한 생각에 집착하는 것은 확실히 미친 짓이다. 그리고 주자의 삶에서 전개되는 금욕주의는 아주 소소한 것이다.

이 슬픈 열정의 요구 속에서 이른 시간의 기상은 검소한 점심과 짝을 이루고, 검소한 삶의 초안을 작성한다. 그것은 심지어 우둔함의 열정과 멀지 않다. 매일 이러한 행동의 반복은 순수한 소비처럼 보이고, 모든 위대함이 제거된 무의미한 고독으로 보인다. 이와 같은 바보짓을 정당화하는 것은 무엇일까? 고정된 생각의 강화와 이 가능성의 조건들의 심화에 전념하는 것일 뿐이다. 달리기, 그것은 사실 달리기에 자신의 생각을 고정하는 것을 배우는 것이다. 그것은 달리기가 고정된 생각이 되는 것이다. 주자가 찾는 것은 실신과 다르지 않은 이 고정 상태다. 이동성을 가능하게 하면서 고정의 쾌락에 도달하는 것, 이것이 주자의 역설이다. 이 역설을 해결한다는 것은 다음을 의미한다. 즉 강박 같은 달리기에 대한 고정관념에 이르는 것은 영원한 이동성의 결핍에서 자신을 발견하는 것이다. 이 결핍은 신체에서 느껴진다. 주자의 신체도 결핍의 신체가 된다. 그러나 이 결핍은 고정된 생각의 이면이다. 그것은 자신의 신체적 영역의 불완전성을 인정하면서, 그를 다른 곳으로 이끄는 외부의 한 지점에 자신을 접속하고자 하는 억누를 수 없는 욕구다. 우리는 달리면서 자신에 속하지 않는다는 것을 깨닫는다. 우리의 세계가 절대로 정지되지도 고정되지도 않는다는 것을 배운다. 더 나아가 자신을 훼손하고, 자신의 경계를 깨는 즐거움은 달리기의 기술(art)인 바깥의 배움을 위한 필수 불가결한 조건이다. 바깥의 배움과 바깥의 지배할 수 없음! 바깥 그 자체를 배우기보다는 계산할 수 없는 바깥으로부터 오는 것을 배우기!

만일 우리가 왜 매일 강박적으로 달리기를 반복하는지를 묻는다면, 명백한 대답이 없다는 것을 고백하지 않을 수 없다. 사람들은 항상 주자가 마약을 분비하고, 이 분비는 도로가 흡수할 미래의 환각을 창출한다고 주장할 수 있을 것이다. 또 사람들은 자본주의는 이동성에 찬가를 낳을 것이라고, 그래서 달리기는 자본주의의 가장 완전한 은유라고 지지할 수도 있을 것이다. 세계의 가장 큰 금융 도시들에서 마라톤이 개최되지 않는가? 뉴욕, 런던, 파리, 암스테르담 등등. 브루클린 다리를 달리는 것은 인생의 성공을 확인시키는 일종의 저당, 일종의 누구나 자신을 한 번에 승리자로 느끼고 확인하기 위한 의무적인 우리 시대의 순례가 아닐까? 따라서 달리기는 더 이상 일상의 작은 세계의 종말이 아니라, 사물의 탄력성, 유연한 적응 가능성을 시험하는 무제한의 자본주의에 대한 옹호라고 말해야 하지 않을까? 이 옹호의 조건은 개인으로 남을 가능성을 전제한다. 고통을 받으면 받을수록 내가 존재한다는 것은 확실하다. 돌아오면 올수록 나는 나를 바닥에 쓰러트릴 수도 있는 고통을 극복하는 영웅주의를 확인할 수 있다. 이것은 종말론적 장면의 흔한 치환이다. 한 발 더 가면 나는 완전히 분해될 수도 있다. 그러나 한 발 더 가면 나는 이 분해의 순간을 지연시킬 수도 있고, 이번에 나를 무화시키지 못한 고통에 반해 나를 확인할 수 있을지도 모른다. 주자의 유혹은 항상 자신이 어디까지 갈 수 있는지 보기 위해 더 멀리 가는 것이다. 10킬로미터는 충분하지 않다. 20킬로미터도 충분하지 않다. 더 멀리 가야 한다. 40킬로미터, 100킬로미터. 넘어서면 일종의 무를 엿보게 되는 어떤 경계를 건드리는 걸음—최고의 긴장 상태, 자기 동요가 일어나는 지점에 도달하는 것—이것은 주자가 찾는 것이면서 동시에 두려워하는 것이다.

이 탐구에 할리우드식 장식을 주면서, 자본주의가 이러한 이동성의 충동을 형성한다는 사실은 별로 놀라운 일이 아니다. 만일 우리가 자본주의는 온 힘을 다해서 흐름을 코드화하고, 주체들을 새로운 노예의 덫에 빠트리는 리비도적 경제를 확대한다고 생각한다면 말이다. 순수한 노력의 스펙터클을 창출하는 것, 그것은 이제 자유롭고 가장 자유경제적인 상상의 주요 요소 중 하나인 것처럼 보인다. 자본주의는 분명 주자가 장거리 경주에서 확인하는 이러한 긴장의 탐구와 순수한 노력의 스펙터클과 일치하고자 애쓴다. 이 노력의 스펙터클에서,

거의 벌거벗은 신체의 새로운 젊음 안에서, 오늘날의 남성성과 여성성의 지고한 긍정들이 전개될 수 있을 것이다. 이 스펙터클에서 이와 같은 노력과 관계하는 주체화의 온상들과 연결된 거만한 노력은 잠재적으로 확인될 수 있을 것이다. 이익에 굶주린 주식 중개인조차도 이 노력의 신체적 경제 안에서 자신의 부활을 확신할 것이다. 그가 달릴 때 드러내는 노력은 그의 일에서 감수하는 위험의 합법적인 거울을 형성한다. 진전된 자본주의가 애쓰는 이 노력의 스펙터클화는 확실히 그에게 자신의 삶이 비상식적이 아니라는 확실성을 준다. 그러나 그런 삶은 그를 자본주의적 열정의 전개에 필요한 젊음의 샘에 빠트린다. 주자의 신체를 덮고 있는 돈의 신체는 세계 경제의 촘촘한 그물에 의해 만들어진 덫이다. 돈의 신체는 우리가 물보다 더 물 같은 돈의 흐름 안에서 흘러가고, 우리도 같은 본질에 참여한다고 믿게 한다.

그러나 여기서 중요한 것은 단지, 사정이 어떻든 간에 주자가 달리기 위해 밖으로 나가려고 할 때 나타나는 고정관념을 감추고 위장하는 시뮬라크르와 고정관념의 스펙터클화다. 왜냐하면 본질적인 것은 다른 곳에서 작동하기 때문이다. 만일 달리기의 본질이 달리기에 대한 고정관념을 유지해야 할 필요성이라면, 자본주의적 스펙터클화는 단순한 위장일 뿐이다. 사실 달리기는 자본주의의 은유다. 그러나 주자는 또한 자신만을 바라보는 하나의 생각을 충실히 따르며, 그만이 그 생각의 윤곽을 그릴 수 있다는 아주 단순한 사실에 의해서 자본주의적 흐름을 파괴하는 사람이다.

23.

탈동기화

달리기와 더불어 문제가 되는 것은 스펙터클이라기보다는 의사가 아닐까? 달리기는 스스로 의사가 되는 것과 같다고 우리는 제안할 수 없을까? 그런데 우리는 어떤 악으로부터 고통을 받을까? 아마도 모든 사물의 가속화, 사회학자 하르트무트 로자(Harmut Rosa)가 탈동기화(désynchronisation)라고 부른 우리 삶의 파편화와 연결된 현대의 악이 아닐까? 탈동기화는 누군가가 다양한 지점들을 더 이상 일치시킬 수 없는 활동들에 사로잡힌 것을 의미할 수 있다. 본래 이 말은 공학에서 각각이 자신의 규칙에 따라 움직이는 기술적인 두 모델을 일치시킬 수 없는 경우에 태어난 차동장치이다. 그러나 기술 혁신으로 본인 핸드폰에서 지운 메시지를 컴퓨터와 연결시키기 위해 핸드폰과 컴퓨터를 연결시키면서 핸드폰을 재-동기화하는 것이 가능해진다. 이로부터 사람들은 동기화는 기술적 짝짓기의 쟁점이며, 이것은 우리 세계가 돌이킬 수 없이 산출하는 것처럼 보이는 탈동기화에 대한 대답으로 우리 세계에서 채택한 하나의 가능성이다. 여기서 중요한 질문은 다음과 같다. 서로에게 적합한 장치들을 돌려줘야 하고, 그것들을 사용 가능한 공통의 모델로 수렴되도록 해야 한다.

그러나 이 기술적인 가능성이 일상적인 가능성일까? 하르트무트 로자는 흥미로운 사례를 제시한다. 민주주의 체제 안에서 시간의 가속을 분석할 때, 그는 이전에 10통의 편지를 쓰던 사람이 같은 시간 동안 지금은 50통의 메일을 쓴다는 것을 강조한다. 그러나 이어서 100통의 메일에 답해야 한다는 것도 강조한다. 결국 삶을 쉽고 편하게 만든다고 주장하는 발명이라는 이름 아래서, 결국 전체 시간으로 보면, 이전의 서신 교환에서보다 우리에게 더 많은 시간을 쓰도록 강요하면서 우리를 노예화하는 장치에 우리는 사로잡힌다. 날마다 메일함을 비우는 일상적이고 반복적인 활동의 의미는 굴러떨어진 돌을 다시 들어 올리는 현대의 새로운 시시포스와 닮았다. 다시 바닥으로 굴러떨어져 새로운 메일들에 파묻히기 전에 우리는 매일 힘들게 메일을 하나하나 확인하면서 수신함의 정상에 오른다. 메일 청소원으로서 시시포스의 이미지는 탈동기화의 현대적 타격으로 돌아가는 것을 가능하게 한다. 수많은 메시지들 안에 퍼져있는 전자글쓰기는 사실 점점 더 빨라지고 파편화에 이르는 활동들 안에서 산산이 부서지기를 그치지 않는 현대적 주체가 직면한 자기 파편들 가운데 하나일 뿐이다. 이와 같은 무한증식의 과제들에 묻힌 주체는 탈동기화되고, 완수해야 할 행위들의 계산할 수 없는 다의미를 초과하는 자기 이념 안에 더 이상 몰두할 수 없게 될 위험에 노출된다.

이제 달리기는 재—동기화를 위한 마지막 시도처럼 보인다. 바로 여기서 달리기는 의사일 수 있다. 다양한 활동 속에 삶의 파편화에 의해, 다양한 시간과 공간 속에서 탈동기화가 강요될 때, 그리고 일상의 삶이 이미 많이 진척된 분할을 건드릴 때, 고정관념의 가능성이 남는다. 고정관념의 문화를 통해 세계는 다시 조직된다. 달리기는 탈동기화의 해독제다. 일상에서 달리기를 반복하면서, 여행지 안으로 달리기를 가져가면서, 시차에도 불구하고 달리면서, 긍정되는 것은 단순히 삶의 스타일이 아니라, 자신 위에 세계의 중심을 옮겨 놓을 가능성이다. 프루스트의 화자는 어린 시절, 발벡으로 여행했을 때 매번 방을 바꿀 때마다 탈동기화가 일어났던 것을 기억한다. 모든 것이 뒤범벅인 시간이 온다. 여기서는 방 공간 내부조차도 그가 알던 방들과 겹치고 혼동될 때 알 수 없는 것이 된다. 그리고 각성의 마술이 작동한다. 즉 정신적으로 가구들을 제자리에 다시 놓고, 공간을 그것이 있었던 상태로 다시 배치할 가능성이 일어난다. 아마도 달리기는 이 실험, 모든 삶이 삶으로서 긍정적이기 위해 필요한 이동하는 방을 회복하고자 하는 욕망을 닮은 것처럼 보인다.

24.

느림의 찬가

대부분의 사람들이 믿듯이, 우리는 점점 더 빠르게 나아가고 항상 점점 더 지옥 같은 리듬에 종속될 것이다. 속도의 조건으로 삶의 이론을 전개하고, 삶을 가속의 미립자로 간주하는 사람들이 있다. 도중에 삶이 붕괴되고, 최초의 정상적인 상태 바깥에서 진전된 병리로 끝날 위험을 무릅쓰고서 말이다. 삶을 가속에 기입하려는 사람들도 꽤 있다. 예를 들어 폴 비릴리오(Paul Virilio), 페터 슬로터다이크, 하르트무트 로자는 다양한 각도에서 현대적 삶의 폭주와 거기서 발생하는 소외의 형태들을 조명한다. 사실 우리는 위급상황—외적인 삶의 강제 위에서 회복하기 어려운 내적인 목소리—이라는 전제군주에 종속되어 있다. 속도가 무섭게 우리를 실어 날라서 이제 시대에 뒤지지 않기 위해서, 또 생산적인 주체로서 자신을 인정하기 위해서 리듬을 유지해야 한다. 하르트무트 로자는 "성장"과 "가속"[24] 사이의 관계를 설정했다. 사회적 가속은 사회에 참여하기 위한 수단들 중 하나로 기술을 포함하는 과정이다. 그리고 그것은 상품의 유통, 내적 경쟁의 순환을 허용한다. 자본주의의 주체는 따라서 가속에 열중하는 주체로서 정의된다. "무한 동원"[25]의 시대에 자기 자신을 동원할 수 있는 속도의 주체, 빠른 주체가 되면서, 이 속도를 자기화하면서, 항상 더 빠른 리듬에 자신을 맞추면서 그 안에 종속되는 역설과 함께 말이다.

　이러한 현대 주체의 변신은 인간과 세계의 새로운 관계에

24　Hartmus Rosa, *Aliénation et accélération, Vers une théorie critique de la modernité tardive*(『소외와 가속: 후기모더니즘에 대한 비판을 위해』), trad. Thomas Chaumont, La découvert, 2012, p. 33

25　Peter Sloterdijk, *La mobilisation infinie*(『무한 동원』), trad. Hans Hildenbrand, Bourgois, 2000.

가치를 부여한다. 이 관계 속에서 인간은 세계 안에 부재할 수 있고, 더 이상 세계와 연결되어 있다는 느낌을 가질 수 없다. 중요한 것은 세계를 사용하는 것이다. 다시 말해, 세계 안의 존재이기를 그치고, 자연 혹은 우주에 소속감을 느낌이 없이 자신의 목적을 위해 세계를 남용하고, 소비하고 복종시킨다. 프랑크 피쉬바흐에 의하면 "우리는 세계의 박탈이라는 양태를 따라서 세계 안에 존재한다."[26] 그에게 가장 현대를 자기화한 주체의 모습은 그 무엇에도 소속감을 느낌이 없이, 세계의 부재 속에서 파도 위를 미끄러지는 서핑하는 사람이나 도로를 질주하는 스케이트보드를 타는 사람이다. 질주 혹은 미끄럼이 걷기보다 우세하다. 이것은 움직일 수 있고 동시에 동원되는 동적인 주체의 도래와 일치한다.

　주자를 서핑하는 사람이나 스케이트보드를 타는 사람처럼 생각하는 경향이 있다. 주자는 그들처럼 바닥을 미끄러지듯 달리고, 최선의 경로를 찾는다. 또한 주자는 지구를 통과하는 외계인처럼 전혀 세계에 속하지 않는 것처럼 보인다. 이것이 바로 보드리야르가 뉴욕, 캘리포니아의 주자들을 모든 관

26　Franck Fischbach, *La privation de monde*(『세계의 결핍』), Vrin, 2011, p. 21.

계의 부재에 사로잡힌 존재들로 본 이유다. 물론 우리는 이 닮음을 사회학적으로 번역할 수 있다. 주자는 도시의 탁월한 주체다. 이 주체들은 보통 긴장된 노동의 리듬에 속한 고위간부들로서 긴장 해소와 더불어 재충전을 위해 취미로 달리기를 하는 사람들이다. 따라서 달리기는 데리다가 말하는 의미에서 약인 동시에 독약인 파르마콘이다. 즉 달리기는 사회적 압력에 더 잘 대응하고 동시에 그 압력에 동의하는 것을 가능하게 한다. 그렇다면 주자는 세계로 보다 잘 돌아오기 위해 세계로부터 자신을 떼어 놓고자 하는 자다. 자신이 세계에 속한다는 것을 느끼기 위해서가 아니라, 정복자라는 것을 계속 느끼기 위해서 말이다. 자본주의 강화는 후기자본주의 시대에, 동적이고, 유동적이고, 절대로 피곤하지 않은 주체를 요구하고, 이 외적인 명령들을 기량에 대한 주체적 숭배의 긍정을 통해 기량으로까지 연장한다. 다시 말해 현대 자유경제의 분석들이 "초주체화(ultrasubjectivation)"[27]와 연관시키는 자기 문화의 극단적 긍정을 통해 기량으로까지 연장한다. 조깅을 하는 것

---

27 Pierre Dardot, Christian Laval, *La nouvelle Raison du monde: Essai sur la société néolibérale*(『세계의 새로운 질서: 신자유주의 사회에 대한 논고』), La découverte, 2009.

은 이렇게 매일 자기 자신 바깥에서 달리는 것이다.

그런데 우리는 진정으로 자본주의의 사건 안에서 달리기의 기술(art)을 해소할 수 있을까? 이제 달리기는 속도의 연습, 속도에 대한 동의라는 것을 지지하기에 이른다. 그런데 반대로 달리기는 느림의 기술일 수도 있다. 미국의 작가 노만 메일러는 한 아름다운 이야기 속에서, 권투 챔피언 무하마드 알리와의 조깅에 대해 이야기한다. 조깅 전날 술을 많이 마신 메일러는 알리의 속도를 따라갈 수 없을 것 같아 걱정했지만, 알리는 메일러에게 적절한 느린 속도로 달렸다. "그들은 느리고 규칙적인 같은 리듬을 유지했다. 놀랄 만큼 느린, 그가 혼자 달릴 때보다 더 빠르지 않은 속도로, 노먼은 결국 아주 좋은 신체 상태를 느꼈다."[28] 이러한 느림의 접근은 달리기의 감춰진 진실을 구성한다. 느림 속에서 자기와 세계 간의 균형, 모든 종류의 전쟁 밖에서 안팎 간의 휴전이 성립된다. 달리기는 무엇보다 내적 균형의 탐구다. 다시 말해 "달리기는 균형의 행위로, 당신들의 다리와 당신들의 폐가 균형 잡힌 노력으로 함께 일

---

[28] Norman Mailer, *L'Amérique*, trad. Anne Rabinovitch, Les belles Lettres, 2012, pp. 286–287.

하는 지점에 도달해야 한다."[29] 이어서, 달리기는 외적 세계의 탈소유의 관계에 관한 탐구다. 지나온 도시 주변들, 밟고 온 빌라의 잔디밭들, 어둡고 좁은 거리들은 주자가 지나갈 뿐인, 그에게 속하지 않는, 절대로 그에게 속하지 않을 세계를 구성한다.

속도와 느림, 이 두 고행의 탐구를 허락하는 것은 바로 이 느림이다. 하나가 다른 것에 영양을 공급한다. 신체의 여러 부분 사이, 신체와 정신 사이의 균형의 탐구 없이는, 소유의 영역이 아닌 한 영역 안에서 세계와 관계하는 최소한의 기술도 없다. 속도에 대한 강조는 세계에 대한 주자의 우위성을 믿게 만들 수도 있다. 이 우위성이 느림의 가능성과 연결되지 않는다면 말이다. 아무리 빠른 주자도 언제나 다른 사람이 그를 추월할 수 있으며, 그에게 속도는 느림에 반한 보증이 아니다. 그런데 최상의 느림은 감속이 아니라, 자기와 세계 사이의 불안정한 리듬을 낳는 것이다. 이 느림은 자신의 주체적 속성을 유지하고 세계의 스펙터클에 열중하며 걷는 사람의 느림과 같지 않다. 이 느림은 이동성 안에서 균형의 탐구다. 왜냐하면 이 느림만이 세계의 수수께끼를 구성하고, 세계에 그 윤곽과 그

---

29 Ibid, p. 287.

불투명성을 다시 돌려주기 때문이다. 달리기의 지속에 대한 긍정만이 주자에게 무―소유자로 사는 것을 허락한다. 이미 오래전에 데카르트가 중요한 것은 "자신을 모든 사물의 주인, 소유자로 만드는 것"이라고 말했다면, 대조적으로 달리기의 기술은 비―데카르트적인 기술로서 사물들을 버리고, 가난함 속에서 자신에게 속하지 않는 세계를 방문하는 누군가로 자신을 생각하는 것을 함축한다.

25.

대통령의 신체

　카메라에 포착된 대통령의 달리는 이미지들은 수없이 많다. 그 이미지들은 5년 동안의 정권을 향한 행보의 차이를 형성한다. 2006년과 2007년에 엘리제궁에 이르는 도약에서 2012년 패배까지, 대통령의 신체는 주자의 신체였다. 왕과 같은 대통령은 적어도 두 가지 신체를 가진다. 그것은 땀 흘린다는 사실에 의해, 쓰러질 수도 있는 유한한 신체와 정권이 바뀌어도 계속되는 국가 주권의 기능과 연결된 불멸의 신체다. 첫 번째가 사라져도, 두 번째는 문제가 되지 않는다. 이것은『왕의 두 신체』에서 에른스트 칸토로비츠가 제기한 테제다. 평론가들은 아주 즐겁게 이 테제를 우리의 전 대통령인 니콜라 사르코지를 통해 검증하려고 애썼다. 사람들은 사르코지에 대해서 주권의 초월성은 반복된 강렬한 몸짓 때문에 사라져가는 경향이 있다고 말했다. 그리고 결국 조깅은 그 징조였다. 신체의 역사는 그들, 대통령들의 신체의 역사라는 것이 사실이라면, 그들의 신체를 연구하는 것은 그들의 지배의 기술을 더잘 이해하는 한 방식이다. 프랑수아 미테랑의 이집트적 냉정함은 모든 면에서 니콜라 사르코지의 미국적 에너지와 대립된다. 미테랑의 시선은 여전히 고대 유럽과 정복되지 않는 그 느림으로 향한다. 사르코지는 새로운 세계와 그 주술적 리듬으로 향한다. 미테랑은 걷기와 친구들과의 순례의 신봉자였다. 사르코지는 달리기 경주의 챔피언이었다. 우리는 그가 엘리제의 정원이나 불로뉴 숲에서 물병이 든 가방을 멘 경호원들의 경호를 받으면서 조깅하는 것을 목격한다.

우리는 대통령의 땀이 어떻게 해석되는지를 안다. 즉 대통령직이 가진 신성의 박탈, 일상적인 삶에 대한 변호로서 해석된다. 그런데 이런 해석이 사르코지와 올랑드 간의 대통령 선거운동 기간에 상실되었다는 것은 재미있는 일이다. 달리는 올랑드의 모습을 상상하는 것이 쉬운 일은 아니지만, 살을 엄청나게 빼면서 올랑드가 자신의 신체를 역사 속에 기입했다는 것은 사실로 남는다. 올랑드는 그의 몸이 변형되면서, 둥글둥글한 좋은 시골 아저씨의 이미지 대신에 성능 좋고 날이 선 기계 같은 이미지를 드러내면서 대통령다운 모습으로 변했다. 이제 사르코지와 올랑드는 신체에 대한 같은 작업의 이념을 통해서 서로 만난다. 그들은 자기 자신의 신체에 대해 개입할 수 있다는 사실을 보여주면서, 확실히 자신의 영혼의 위대함을 드러내고, 효과적으로 신체에 개입할 수 있다는 것을 증명한다. 여기에 두 대통령의 공통된 메시지가 있다.

그리고 평론가들도 자각하지 못한 또 다른 공통점이 있다, 어쨌든 달리기는 모든 사람이 그런 것처럼 땀으로 나타난다. 보통 신체의 신화는 여기서 전적으로 기능할 수 있다. 이것은 연설보다 더 잘 국가 일을 하는 사람의 기능이, 그가 대통령일지라도, 삶의 아주 소소한 것들과 그렇게 멀지 않다는 점을 강조한다. 즉 우리는 신체를 가지고 있고, 그것을 가지고 뭔가를 해야 한다. 따라서 그것은 직업과 상관없이 우리가 보통 사람이라는 것을 드러낸다. 이때 우리는 프랑수아 올랑드가 니콜라 사르코지에 반해서 자신을 특징짓기 위해 사용한 "보통사람"이라는 호칭에 놀랄 수도 있다. 왜냐하면 식사조절을 하는 누군가의 보통은 자신의 몸을 돌보는 다른 이의 보통을 알리기 때문이다. 그러나 올랑드에게 이 모든 책략은 잘 통제되지 않는 보통사람의 신체를 더 잘 자기화하기 위해서, 전임 대통령 사르코지의 달리기 기술을 병리학 쪽으로 슬그머니 밀어 넣는 데 있었다. 프랑수아 올랑드의 살 빼기는 철저한 자기 지배를 증명해야 하며, 그것은 직업을 구하려는 고독한 노력을 믿는 것보다 자기 통제의 의사를 신뢰하는 것이다. 사르코지의 신체를 내적 폭발의 위험으로 보내면서, 프랑수아 올랑드의 날카로워진 신체는 미테랑의 대통령다운 느림의 어떤 것을 회복할 수 있다. 여기에 필요하면 시간을 가질 수 있는, 여유로운 신체가 있다.

패배 안에서 신체들은 말하기 시작한다. 지스카르 데스탱은 엘리제를 걸어서 도착해서, 걸어서 나갔다. 니콜라 사르코지처럼 두 번 떠나는 경우도 있다. 한 번은 카를라 브루니와 함께였는데, 그날 프랑수아 올랑드는 끝까지 그를 배웅하지 않고 그에게서 등을 돌리고, 검은 자동차 안에서 그가 사라지기 직전에 급하게 손을 흔들 때이고, 두 번째는 그의 보좌관들과 함께, 오후 블로뉴 숲에서, 그가 기자들을 따돌리고 조깅을 시작했을 때이다. 아침에 권력 이양 후 달릴 수 있을까? 대답은 '그렇다'이다. 권력 이양 후에 왜 달릴까? 그 대답은 더 어렵다. 중요한 것은 권력의 달리기도, 명예의 달리기도 더 이상 아니다. 그는 패배했고, 자신을 위해서 달린다. 중요한 것은 타자와의 싸움이라기보다는 자기와의 전쟁이다. 네 벽에 둘러싸여 머물 수 없는 영원한 불만족이 문제다. 파스칼은 "모든 탁월한 사람들은 한 가지 사실로부터, 즉 방 안에서 가만히 쉴 수 없다는 한 사실로부터 온다"고 말했다. 대통령선거에 대한 명상들은 파스칼에 대한 명상들이다. 달리기는 오락 이상이다. 달리기는 철학이다. 권력 이후에도 달리기는 남는다.

달리기는 그 궁극적인 방어진지 안에서 삶에 대한 노마드적 명성이다. 권력의 붕괴, 해체에 저항할 수 있는 능력에 대한 노마드적 명상이다. 달리기는 삶들을 마음대로 사용할 수 있는 모든 권력 너머에 자기와 세계 간에 놓인 다리다. 모든 사회적 특질들 밖에서, 일종의 세계와의 공모가 가능하다. 삶은 자신의 세계를 열 수 있는 힘에서 회복된다. 승자도 패자도, 강자도 약자도 없다. 안데르센의 동화 속에서 왕조차도 그의 모든 옷과 외관에도 불구하고 아이의 시선 아래서 벌거벗은 왕이 되지 않았는가? 이 동화의 역설은 왕이 눈에는 보이지 않는 가장 멋있는 옷을 차려입었다고 믿었을 때, 그리고 그것을 신하들에게 강요할 때, 벌거벗겨졌다는 사실이다. 그러나 동화 속에서 아이는 황제도, 왕도 아닌 필멸의 한 인간을 본다. 달리기는 자신이 유한하다는 것을 인정하는 것이다. 그것은 아이가 왕을 보듯이 자신을 보는 것이다. 그리고 여기에는 달리기와 더불어 그가 아무리 권력이 있다고 할지라도, 각자에게 유한성을 돌려주는 데 빠트릴 수 없는 가난함의 서약이 있다.

26.

물러나라!

2011년 아랍의 봄, 우리는 지친 튀니지 시위자들의 높이 쳐든 플래카드를 읽을 수 있었다. "벨 알리는 물러나라!" 이집트의 티흐리르 광장에 수많은 시위 군중들에 의해 확산되었던 이 구호는 어쩔 수 없어서 장사꾼이 된 한 학생의 희생 뒤에 일어났다. "물러나라!"는 무엇을 의미할까? 어떤 경우에도 이것은 최고의 주권자가 토론의 무게를 못 이겨 결국 떠나기로 결심하는 과정 속에 들어가는 것은 아니다. "물러나라!"는 대중의 외침은 이러한 의회 절차를 정지시킨다. 여기서 기대되는 것은 권력을 떠나기 위한 달리기에서 파렴치한 지배를 정지시킬 즉각적인 대답이다. 따라서 최고의 주권자는 서둘러서 줄행랑을 쳐야 한다. 그런데 그가 여기서 싫은 기색을 보인다면, 권력은 사태를 지연시키고, 자신의 권위를 더 잘 정제해서 다르게 앉히기 위해 가짜 리듬을 강요하는 데 사용될 것이다. 여기서 달리기의 은유는 사퇴의 급박함보다 사퇴의 황망함 덕분에 독재로 더럽혀진 땅을 청소하고자 하는 의지를 더 잘 제안하기 위해 함축적으로 사용되었다는 사실을 주목하는 것은 흥미로운 일이다. 사퇴의 민첩함은 이때 권력을 향한 달리기의 이면, 즉 일종의 권력의 탈−체화의 연습이다. 마치 권력 쟁취 과정 안에서 서둘러서 포장했던 것을 거꾸로 다시 포장해야 하는 것처럼, 그리고 이어서 자신의 거짓된 영원성을 더 잘 믿도록 만들기 위해 자신을 영원화하는 것처럼 말이다.

봉기의 시작이 달음박질로 시작되는 일은 드물다. 일반적으로 봉기는 느린 행진을 통해 귀족화되고, 느린 행진은 봉기의 거리에 존엄을 부여한다. 최상의 경우, 이 느림은 제자리와 같은 가치를 가진다. 예전에 서독에서 월요 행진은 부동을 요구했다. 그 안으로 마르크스 대로를 따라서 군대 행진의 음란한 예식이 끼어들었다. 이것은 행진에 대항한 행진이었을 것이

179

다. 그러나 하나는 질서정연한 행진이고, 차가운 질서의 투사처럼 똑바르고 무겁다. 반면 다른 행진은 삶과 자유의 충동에 복종한다. 티흐리르 광장에서처럼 행진이 멈춘 것은 시위대가 너무 늘어나서 더 이상 앞으로 나아갈 수 없었기 때문이다. 정면 대립에서 권력을 꼼짝 못 하게 하는 것은 남용된 권력의 덧없음에서 권력을 제자리로 되돌려놓는 것이다. 권력에게 해결책은 해산에 호소하는 것이고, 시위대의 느린 행진을 저지하고 위협하기 위해 경찰을 흥분시키는 것이리라. 시위대에게 유일한 가능성은 카이로의 골목길로 도망치는 것이다. 경찰관들은 열심히 그들을 쫓고 궁지에 몰 것이고 다시 정권의 야만적인 개가 될 것이다. 이때 달리기는 더 이상 행진을 유지할 수 없는 일종의 항복으로 간주될 것이다. 그리고 달리기는 다시 가난한 사람들의 선택이 될 것이다. 모든 나라의 가난한 사람들이여, 달려라!

도망치는 가난이 있다. 그러나 "퇴출"의 기쁨도 있다. 가난은 갑자기 더 이상 걷기 상태를 유지할 수 없고, 살기 위해 도망치는 신체의 허약한 반란을 닮는다. 기쁨은 후안무치의 군주와 대면한 가난한 사람들의 앙갚음처럼 나타난다. 사악한 자신의 신체와 왕권의 부동하는 신체를 혼동하면서 건드릴 수 없는 왕권 위에 있던 군주가 군중의 "물러나라!"는 외침에 직면한다. 군주는 출구 쪽으로 서둘러 가지 않을 수 없고, 주자의 속도로 도망치지 않을 수 없다는 것을 알지도 모른다. 그러나 쫓겨난 군주라는 매우 이상한 이 운동선수! 그것은 간신히 움직이는 어두운 덩어리다. 부와 옷 주름 속에 빠져서 지금 궁전의 긴 복도를 가장 빨리 이동하고자 애쓰는 군주의 신체는 주자의 신체가 아니다. 군주가 달리기를 배우는 것은 웃음을 낳을 것이다. 그가 눈짓 하나로 누군가를 죽음으로 보낼 수 있는 독재자가 아니라면 말이다. "벤 알리 물러나라!"는 결국 권력의 호화로움 너머가 존재한다는 것을 상기시킨다. 절대군주의 신체가 더 이상 스스로 움직일 수 없는 지경에 이른다는 사실은 권력의 형이하학(physique)이 존재한다는 증거다. 그 안에서 반항자들의 행진은 권력에 전달된 **퇴장**(exit) 요구의 능동적이고 고집스러운 토대가 될 수 있다.

27.

도망자들

도피네(Dauphiné)의 신문 속에 알프스 오트−사부아 (Haute−Savoir)의 눈 내린 고불고불한 산길 사진. 길옆에 추락을 방지하는 난간들. 커브 길과 비탈길을 따라 줄지어 선 하얗게 눈 덮인 소나무들. 한 남자가 자신의 차를 버리고 숲으로 도망친 곳은 바로 여기다. 바닥에는 흔적들이 남아있다. 새벽 4시, 그는 발므(Balme) 교차로에서 경찰의 바리케이드를 무시하고 스키장 쪽으로 도망쳤다. 이어지는 정황은 다음과 같다.

고불고불한 산길에 접어들자 그는 차의 시동을 끄고 어둠 속에 나무들 사이를 달리기 시작한다. 경찰들은 손전등을 들고 그를 찾는다. 결국 경찰견이 투입되고, 개울 근처에서 흔적들이 발견된다. 몇 시간의 수색 끝에 고산지대의 경찰들은 깊은 물 속에서 익사한 남자를 발견한다. 이 사건을 맡은 검사 대리는 "지금까지의 조사에 의하면, 사고는 경찰의 일상적인 단순한 검문을 피해 도망치다가 발생했으며, 바닥의 흔적들을 보면 남자는 9미터 아래로 굴러떨어졌으며, 그가 떨어진 곳을 제외하고 개울은 얼어있었으며, 그곳은 보통 물이 용솟음치는 가마솥이라고 불리는 곳"이라고 보고했다. 다음은 피가로 신문에 난, 루아르−아틀란틱에서 자동차를 탄 사람과 경찰차들의 쫓고 쫓기는 추격전이다. 총을 발사하는 두 경찰관과 마주친 운전자는 차를 버리고 도망친다.

목숨이 풍전등화와 같을 때 해코지하려는 무력을 지연시키는 최후의 시도, 즉 달리기가 여전히 남아있다. 어떤 상황에서 벗어나고자 하는 욕구는 도망치는 순간에 위협받는 삶에서 온 힘을 다해 달아나는 도망자를 함축한다. 달리기에 근접한 것으로는 방랑, 잡히지 않기 위한 기습이 있다. 그것은 삶의 모든 사회적 자질들이 추락했을 때 달리는 것 이외에 다른 선택이 없는, 갇히고 싶지 않은 불행한 도망자일 수도 있다. 그것은 랭보적 환상을 지닌 보헤미안적인 행복일 수도 있을 것이다. 랭보의 시에서 하늘 아래 오고 가는 것은 "달리는 중에 시구를 낱알처럼 떨궈놓는"《나의 방랑》계기들이다. 구멍 난 바지를 입고 맨발로 뛰는 것은 사실 불량소년처럼 갇히지 않기 위해 모든 힘을 다해 도망치는 주자다. 그리고 불량소년은 도중에 둘이 될 수도 "우리"가 될 수도 있다. "우리는 방랑하고 지하의 포도주와 거리의 과자로 배를 채운다"《방랑자들》. 그것은 이유 없이 달리고, 소리 지르고 빈정거리는 민중이 될 수도, "번쩍이는 옷들과 깃발들 속으로 달려오는 거인 가수들"《도시들》이 될 수도 있다. 이것이 달리기다. 강요된 혹은 자발적인 방랑의 가능성, 그러나 어떤 경우에도 계획되지 않은 방랑의 가능성이다. 우리는 어디로 가는지 모르는 채 달린다. 다만 전적으로 잡히지 않기 위해서. 찾는 것은 다양성, 질서를 구축하는 시간과 공간의 모든 블록을 흐트러트리는 것이다. 어떤 추측도 달리기의 여정으로부터 나오지 않는다. 왜냐하면 그 여정은 모든 논리를 초월하기 때문이다. 달리기는 제한된 모든 블록, 이미 그려진 세계 안에 삶을 제한하는 모든 체계를 폭발시키기 때문이다. 만일 우리가 주자의 모든 장비를 제거한다면, 허약한 스타일, 이유 없는 이동성의 가능성만이 남는다. 그것은 탈출의 가능성일 수도, 쫓기는 자—유럽의 나치를 피해 마르세유에 모인 유대인들, 오래된 항구(Vieux-Port)의 배들에 은밀하게 숨어 살던 유대인들—의 궁극적인 기습일 수도 있다. 자동차들 사이의 있을 법하지 않은 장애물 경주에서, 관심 없는 구경꾼들 사이에서 붙잡히기 전에, 더 이상 도주할 수 없을 때 말이다. 달리기와 함께 삶은 더 이상 자신의 자리와 일치하지 않는다. 달리기는 모든 위치에 놓인 것들을 뒤흔든다.

　달리기가 신체를 필요로 하고, 신체의 생동성을 증명하기 위한 탐구라고 생각하는 것은 잘못일 것이다. 사실, 달리기는 정신의 허구, 부적절한 삶의 꿈을 더 필요로 한다. 그러나 이 미래형 노마드는 그 자체 우리 자신을 사냥꾼이 노리는 희생자라는 조건으로 이끄는 것이다. 달리기는 사냥꾼의 화살로부터 벗어나고자 하는 것이다. 도망자는 죽으려 하지 않는다. 그래서 그는 지쳐 쓰러질 때까지 달린다. 물론 사냥꾼도 달릴 수 있다. 그러나 이것은 같은 달리기가 아니다. 하나는 잡고자 하는 의지고, 다른 하나는 도망치고자 하는 욕망이다. 도망은 도망자의 궁극적인 가능성이 된다. 어느 날, 도망자는 무대에서 퇴장하는 인물이 될 것이다. 사냥감은 더 이상 보이지 않게 될 것이고 다른 쪽으로 넘어갈 것이다. 도망자는 달리기에서 절대적인 도망의 꿈을 체화한다. 그는 잡히지 않기 위해 달린다. 비록 이것을 위해 그가 모든 일상과 모든 영향권을 떠나야 한다고 할지라도 말이다. 이런 관점에서 달리기는 궁극적인 가능성으로 남는다. 다시 말해 달리기는 모든 가능성이 사라졌을 때에도 유일하게 남아있는, 불가능 앞에 가능성이다.

주자가 아는 동물성의 공포가 존재한다. 어쨌든 만일 도망자가 죽음의 위험을 피하기 위해 줄행랑을 친다면, 주자는 감금되지 않고자 하는 잠재적인 도망자로 남는다. 그의 이동성의 기술은 먹이가 되지 않기를 원하는 모든 사냥감과 주자를 연결하는 오래된 동물성의 회복과 연관된다. 더 나아가 인간성의 고갈, 즉 굴욕적인 야만의 산물에의 궁극적인 의존으로서 동물적 삶의 가능성이 문제다. 달리기는 또한 평온의 산출과 연관될 수도 있다. 왜냐하면 이와 같은 행동은 모든 사회적 자질이 박탈된, 아무것도 내세울 것이 없는, 위협받고 사라져야 하는 모든 삶의 궁극적인 소여로 남기 때문이다. 목소리에 의존할 가능성은 사라진다. 더 이상 시위할 가능성도, 요구할 가능성도 없다. 목소리의 퇴장(exit)! 시위보다는 탈주! 궁극적인 가능성. 포기! 인간 안에 동물을 돌아오게 하는 것도, 모든 기준 밖에서 방랑의 힘을 탈영토화에 부여하는 것도 바로 이것이다. 죽음을 줄 수 있는 힘에 반해 삶에 잠재력의 가치를 부여하는 것 또한 바로 이것이다. 죽음의 힘은 불안정한 삶, 상처받는 삶 위에 쓰러지고, 이런 삶들을 불법체류자로, 방랑자로 만든다.

도망자는 무엇일까? 더 이상 은밀하게 살 수 있는 가능성이 없는 불법체류자다. 잊힌 사람은 더 이상 잊힐 가능성이 없는 사람이다. 그리고 우리는 악셀 코티(Axel Corti)의 〈비엔나에 오신 것을 환영합니다(Welcome in Vienne)〉라는 영화의 1부, "신은 더 이상 우리를 믿지 않는다"의 마지막 장면을 생각한다. 비엔나에 망명한 유대인들은 모든 사회적 자격을 박탈당하고, 목소리를 잃고, 탈출의 시도 이외에 다른 가능성이 없어 보인다. 망명 속에서조차 그들은 목소리를 잃고 남은 가능성은 도망자가 되는 것이다. 그들은 오스트리아 사람들이었다. 그들은 "방랑하는 유대인들"이 된다. 도망, 항상 도망. 파리와 다른 곳에서 정착하고자 한 여자들과 남자들 집단은 집단 그 자체의 가능성이 사라지는 도망자들의 집단이 된다. 인간 자질의 이 긴 분산에서, 달리기는 마지막 고백으로 남는다. 동물과 인간의 경계에서의 실천, 이 경계 너머에서는 더 이상 인간적인 것에 대한 기입도 애착도 존재하지 않는다. 또한 달리기 안에 무로부터는 무의 부름, 무에 저항하고, 되돌릴 수 없는 것을 지연시키기 위한 시도가 존재한다. 그러나 달리기 안에 고갈은 그리 멀지 않고, 그와 더불어 더럽고 추잡한 것의 승리

187

도 멀지 않다. 도망자의 기술은 불안정한 기술이다.

28.

중독

　주자는 다른 운동선수와 마찬가지로 신체의 힘을 찬양하고, 그만큼 자신의 존재와 기량을 긍정하기 위해 자신의 능숙한 신체적 진폭의 도식 안에 존재한다. 손목에 크로노미터를 차고 달리지 않는 선수들이 있을까? 크로노미터는 심장 리듬을 확인하고, 회복 시간을 측정한다. 모든 자가진단은 위생의 담론, 식사조절, 건강상태의 확인을 통한 자기 지배와 연관된 달리기에서 행해진다. 만일 스포츠가 함축적으로 신체의 문화 안에서 세속화된 "자기에의 배려"를 상기시킨다면, 혼자 하는 스포츠는 더더욱 그렇다. 혼자 하는 스포츠는 신체를 특별히 강한 나르시스적인 집착 안에 고정해서, 강압적인 신자유주의의 재활용을 초래한다. 현재 자본주의적 몽상의 교차로에서, 우리는 상품들의 흐름과 이동성을 획득한 사업가들, 또한 도로를 질주하는 주자들의 노마드적 경로들을 찬양한다. 그러나 우리는 건강 유지를 목적으로 하는 규칙적인 운동을 통한 자율성에 대한 찬가를 발견하는 것이 아니라, 때때로 스스로 인정한 이면, 드물게 그 자체로 진술된, 중독과 같은 열광을 발견한다.

달리기는 다만 시공간의 파편이 아니다. 달리기는 정신에 새로운 가벼움을 부여하면서 정신의 피를 빨아먹고, 특히 능동적인 의존 상태를 낳는다. 반복적인 달리기 끝에, 주자의 생체 공장 안에서, 주자의 내적인 화학작용 안에서 달리기의 결핍, 이 결핍을 채우려는 필요가 생성된다. 결국 주자는 아스팔트에 중독된 존재가 되기에 이른다. 그러나 이 마약은 자본주의의 순환 안에서 재활용된다. 왜냐하면 위협이 되지 않는 이 마약은 달리기에 전념하는 사람에게 그가 흐름에 속하고 그것과 연관되어 있다는 느낌의 확실성과 동적이고, 접속되어 있고, 운동 속에 있다는 삶의 확실성을 허락하는 것처럼 보이기 때문이다. 따라서 달리기는 독이면서 치료제고, 병이면서 약이다. 중요한 것은 의존성에의 동의, 독립의 증거로서 의존성의 탐구 그 이상이다. 이 역설은 우리의 현대적 삶의 조건이다. 우리의 자율성의 탐구는 우리에게 의존하지 않는 활동들에 의해 제한된다. 이것은 우리가 자율성 그 자체 안에서 허약하다는 것을 보여준다. 이 "허약한 자율"의 고리는 참여에 의해, 우리가 자본, 국가, 사회적 통합의 주체로서 획득한 역량의 정치에 의해 강화된다.

그래서 중독은 현재 우리의 현장(site)이다. 그 안에서 모순은 사라지고, 정신과 자본주의 사이의 균열은 해결된다. 또한 우리는 점점 더 기량의 상징으로서 스포츠 현장으로 보내진다. 스포츠는 자신을 비추는 거울 이상이다. 다시 말해 도시 경제 시대에 자기 실천의 강화다. 그러나 이것은 처음부터 승리하는 인간의 표상 안에서, 근육으로 무장한 신체 안에서 주어지지 않는다. 이것은 중독의 모습 속에 고착된다. 달리지 않을 때 결핍 속에 존재할 수 있는 주자는 보다 큰 평정의 가능성을 자신에게 주는 의존 상태를 찾는다. 바로 여기에 그의 십자가, 아킬레스건이 있다. 노력 너머로서 평정은 의존이 끌어내는 자기의 형식들의 불안을 유발하는 낯설음에 의해서만 느껴질 수 있다. 따라서 평정으로 돌아가고자 하는 욕구가 존재한다. 실존의 존재론적 증명으로서 달리기의 시험 강박이 존재한다. 나는 그것을 다시 생각하기 때문에 나는 존재한다. 바로 여기에서 달리기의 형이상학의 두 번째 테스트가 발견된다. 주자는 다만 달리는 동안 정지하지 않기로 결심한 자일뿐만 아니라, 달리기 후에 정지하지 않기로 결심한, 첫 번째가 끝나자마자 두 번째 연습을 다시 시작하기로 결심한 자이기도 하다.

따라서 달리기는 정신적인 사건이지 신체적인 것만이 아니다. 달리기는 내일 다시 나가기로, 다시 연습하기로 결심한 사람의 머릿속에서 영원히 행해진다. 주자의 정신적인 삶은 따라서 의존의 정신적 삶이고, 항상 가능한 동성의 습관화에 의해 전개된다. 습관화는 단순한 이론이 아니라, 정신적인 삶의 채색화, 베르그손의 의미에서 보면 열정이다. 왜냐하면 리듬은 이 의존성 안에서, 다시 말해 공간 안에서 자기증식에 의해 시간을 습관화하는 방식 안에서 자신의 길을 스스로 열기 때문이다. 이것은 베르그손이 은총의 감정의 매력을 상기할 때, 아주 잘 설명한 것이다. "그것은 우선 일종의 자유로움, 움직임들 속에서 일종의 쉬움의 지각일 뿐이다. 그리고 쉬운 움직임들이란 준비된 움직임들인 것처럼, 우리는 예상되는 운동들 속에서, 미래의 태도들이 지시되고, 앞서 형성된 것과 같은 현재의 태도에서 최상의 자유로움을 발견하는 데 이른다.

만일 단속적인 운동이 은총의 부족이라면 그것은 각각의 움직임이 그 자체로 충족되고 이어지는 움직임들을 알려주지 않기 때문이다. 만일 은총이 잘린 선보다 곡선을 선호한다면, 그것은 곡선이 모든 순간 방향을 변경하기 때문이며, 각각의 새로운 방향은 앞선 방향 안에서 지시되기 때문이다."[30]

베르그손은 조깅을 하는 사람이었을까? 누군가 그렇게 말했고, 우리는 그것을 다시 말할 기회가 있을 것이다. 어쩌면 그는 최초로 조깅하는 철학자였을지도 모른다. 그가 여러 경기장에서 달릴 수 있는 기회가 있었고, 철학자 마라톤 주자라는 타이틀을 얻을 수 있었다면 말이다. 위의 텍스트는 사실 달리기에서 은총을 말하기 위해 써진 것처럼 보인다. 우선 은총은 서로 이어지는 운동들의 유동성의 결과인 자유로움의 감정과 관계한다. 외적인 반복 덕분에 운동들은 결국 내적 운동들—운동들 간의 거리감을 제거하는 운동들이 되기에 이른다. 이어서 직선의 공간 안에 곡선을 산출할 가능성 안에 은총이 도래하기에 이른다. 형이상학의 경험은 여기서 정상에

---

30 Henry Bergson, *Essai sur les données immédiqtes de la conscience*(1889)(『의식에 직접 주어진 것들에 대한 시론』, 아카넷, 2001), éd. Arnaud Bouaniche, PUF, "Quadrige", 2007, p. 9

오른다. 이 경험은 연금술, 자기 영역의 변신, 예전의 예감 안에서 모든 새로운 방향을 재조정하면서 잘려진 선을 곡선으로 대체할 가능성과 닮았다. 주자는 자신의 발걸음을 반복하면서, 아스팔트 위에서의 연습을 생각하면서 차원을 변경하고, 자신의 삶 안에 리듬, 즉 세계 조직의 요구들 안에 시간과 공간을 접는 방식을 도입한다. 주자는 이렇게 세계 안에서 자신의 삶을 살고, 자기와 보다 잘 연결되기 위해 자기 바깥으로 나가는 방식을 통해 거기에 이른다. 그리고 곡선들의 일반화된 예측 덕분에 내적이고 구불거리는 선을 창조한다.

　왜냐하면 주자는 영원히 직각들과 끝없이 넓은 대로들의 잘린 공간 안에 존재하지 않기 때문이다. 주자는 그 길들을 개인의 고유한 리듬 안에서, 다시 말해 겨울날 아스팔트의 차가움 위에서, 여름의 더위 속에서 그가 구성한 곡선 안에서 통과한다. 자신의 리듬과의 접촉 없이는 더 이상 느끼는 데 이르지 못하면서, 자신의 삶이 더더욱 강화되는 리듬들 간의 조화 속에서 운동들을 연결하면서 말이다. 베르그손―주자는 그것을 아주 잘 이해했다. 그가 말하는 은총은 결정적으로 달리기의 은총이다. "만일 은총이 노력의 경제로 환원된다면 그것이 우리에게 가져온 즐거움을 우리는 이해하지 못할 것이다[…]. 그러나 진실은 은총 가득한 모든 것 안에서 특히 동성의 징후인 가벼움으로부터 우리에게 오는 가능한 운동의 지표와 잠재적인 혹은 심지어 태어나는 호감의 지표를 밝혔다는 것이다."[31] 달리기는 강화된(intense) 삶의 탐구가 가벼움, 이동성, 자기로 향한 운동의 제안으로 완성될 때 은총이 된다. 반면 달리기는 연장의 법칙이 다시 강도의 감정을 압도할 때, 발의 무거움이 자기와의 관계를 동결할 때만 노력이 된다. 이것은 시간에 대한 공간의 승리, 지속에 대한 거리의 승리다. 그리고 이것은 달리기의 강도(intensité)의 경험에서 이뤄진다. 누구도 오랫동안 이와 같은 경험 안에 정착할 수는 없다. 이러한 경험은 공간이 갑자기 순수한 지속을 위해 취소될 때, 세계와 자기의 리듬이 합치될 때 증가에 의해서만 온다. 이런 조화의 대가가 중독이라는 사실은 우리를 베르그손으로부터 멀어지게 할지도 모른다. 우리가 그의 글에서 손상되지 않은 자연적인 삶의 참조를 읽는다면, 그리고 만일 우리가 인간−사이보그의 약속을 끌어내는 기술적인 변화를 위해 너무 급하게 중독을 인공적인 항정신성 의약품들로 전향한다면 말이다. 그러나 사이보그 이전에 복통, 다리의 경련, 발의 고통, 모든 신체의 외상치료학을 가진 신체기관의 땀이 있다. 그래서 중독은 이 신체성에 중독

---

31 같은 책, p. 10.

되는 것이다. 다시 말해 우리의 신체인 세계에 열린 이 현장에 중독되는 것이다. 결국 중독이 된다는 것은 삶 안에서 피할 수 없이 자신을 발견하는 것이다.

29.

사이보그

만일 주자가 달리기를 하면서 비타민 음료와 장비들을 통해 사이보그의 삶이 된다면? 티에리 오케는 "사이보그는 인공과 자연 간에, 기계와 기관이라는 두 조절기 간에 결합인 하나의 실재를 기술하기 위한 혼합 용어라는 것을 기억하자"[32]

---

32 Tierry Hoquet, *Cyborg philosophie: Penser contre les dualismes*(『사이보그 철학: 이원론에 반한 사유』), Seuil, 2011, p. 29.

고 말한다. 사이보그는 기계가 아니다. 그것은 기관 안에 기계의 돌출, "기계와 동일한 형태들에 의해 규정되고, 강해지고, 지배되고, 인도되고, 동기가 부여된 기계로서 인간 존재의 계기"[33]다. 사이보그는 순수한 자연성에 대해 의혹을 던지고 정상적으로 잘 기능하는 기관을 오염시킨다. 우리는 사물들의 몸체 안에 뿌리내리지 않고 존재할 수 있을까? 우리가 착용하고 있는 불완전한 기계 장치들은 보다 정교한 보조 장치를 가진 사이보그의 방향으로 나아간다. 따라서 달리기는 사이보그가 되는 수단일까? 이러한 가설로 나아가는 것은 달리기는 우리를 있는 그대로 내버려 두지 않고, 조금씩 체화된 완성을 요구하며, 더 이상 자연의 가설하고만 관계하지 않는 완벽한 장치를 끌어낼 것을 요청한다. 이러한 조건 아래에서, 육상선수의 신체는 혼합된 신체, 즉 자연적인 영역과 인위적인 요소들이 혼합되기에 이른다. 신체와 겹쳐서 보다 더 통합된 장치 안에서, 주자-사이보그는 자연적인 신체의 고집스런 자발성보다 엔지니어의 프로그램화 쪽으로 더 가까이 이동한다. 결국 후자가 우위를 차지하기에 이를 것이고, 불쌍한 놈의 신체

---

33 Allison Muri, *The Enlightenment Cyborg*(『사이보그와 계몽』), 위의 책에서 티에르 오케의 인용, pp. 29-30.

는 심지어 기관들 안에까지 기계가 심어지는 자동화된 기계로 변형될 것이다.

잡초들 안에서 자라난 삶이 조금이라도 스위스 시계처럼 로봇공학전문가와 트레이너에 의해 태엽이 감긴다면, 사이보그의 삶이 될 수 있다. 주자는 야생상태로 돌아가는 것이 아니라, 반대로 야생성을 다른 곳으로 보내기 위해, 아니 차라리 야생성 바깥에서 거리의 터미네이터처럼 일종의 상처받을 수 없음 안에서 자신을 지지하기 위해 야생성을 길들이는 것처럼 보인다. 이제 주자의 허약성을 만드는 죽음의 땀은 끝난 것처럼 보인다. 땀과 더불어 그것을 억제하지 못하는 신체의 허약함의 퇴장! 트레이너와 주자의 새로운 커플은 전적으로 능동적인 동인, 즉 "군국주의와 가부장적 자본주의의 불법적인 자식"**34**을 보장하는 것으로 여겨진다. 사이보그가 삶을 정화한다는 것은 사실이다. 사이보그는 비정한 용도에 필요한 미래의 형태들을 창출한다. 이제 사이보그가 되라는 명령 아래 무제한의 가치에서 위생학자의 압박이 확대된다. 위생학자는

---

34 Donna Jeanne Haraway, *Manifeste Cyborg, et autres essais: Science fictions, féminismes*(『사이보그와 다른 에세이들: 공상과학, 페미니즘』), éd. Laurence Allard, Delphne Gardey et Nathalie Magnan, Exils, 2007, p. 33.

노력 때문에 증대된 신체에의 강박을 줄인다는 핑계로 모든 수단을 동원해서 신체−기관의 상승하는 혈압 바깥으로의 이륙을 제안한다. 주자는 훈련, 음식 조절 등에 의해 새로운 신체가 되고 잡종의 실체, 무제한의 기량이 혼합되기에 이른다.

할러웨이가 지적한 것처럼, 그것은 사이보그 기획의 중심에는 무장한 남성주의와 거만한 자본주의가 교차하는 이중적 압박이 존재하기 때문이며, 우리의 현재는 사이보그의 현재인 것처럼 보이기 때문이다. 여기서 상처받을 수 없음의 갑옷, 최상의 힘들 간의 오만한 연대가 만들어지는 필연성이 중요하다. 오늘날 주자는 과도하게 기계화된 신체들 안에 기술과 과학의 제한 없는 응고를 테스트하는 시제품들 가운데 하나다. 이것은 우리는 절대로 태어나지 않았으며, 우리의 상처받을 수 있음은 아주 단순히 존재하지 않는다고 믿는 것이다. 그 믿음이 너무 강해서 우리는 초인간의 가능성으로 향한다. 결국 우리는 우리의 태생으로부터 멀어진다. 그러나 우리는 여기서 최소한의 상처 혹은 쇠약으로 되돌려 보내진다.

30.

형이하학적 성찰

여기에 철학의 시초의 장이 있다. 우리는 그것을 "데카르트 작전"이라고 부를 수도 있다. 때는 1641년, 정황은 『형이상학적 성찰』의 "첫 번째 성찰". 나는 데카르트의 몽타주에 보다 잘 접근하기 위해 자유롭게 이것을 요약하고자 한다. 이것은 위험한 결과들을 가진 허구다.

《얼마 전에 나는 여러 번 내가 속았다는 것을 알았다. 나는 내가 확실하다고 믿는 것이 사실은 많은 것이 환상이나 거짓이었다는 의견에 동의했다. 어렸을 때 이미 기꺼이 나는 여러 번 그런 일을 겪었다. 이제 나는 어른이고 엄숙히 이 문제를 직접 내 손으로 다룰 것이고 나의 표상들의 주인이 되고자 한다. 여러 번 자면서, 나는 이 아름답고 거대한 작전을 꿈꿨다. 그러나 그 일이 너무 거대해서, 매일 아침 눈을 뜨면 그 일을 다음으로 미뤘다. 오늘 나는 더 이상 물러서지 않겠다고 결심했다. 사람들이 말하듯, 이제 나는 성숙한 나이라 이제부터 내가 하고자 하는 것을 내일로 미루지 않을 것이다. 그리고 나는 그것을 행동으로 옮기겠다고 결심한다. 나의 첫 번째 형이상적 성찰을 시작한다. 지금 나의 정신은 자유롭고 단호하다. 내 주변에서 내가 보는 모든 것은 존재하지 않으며, 세계는 내 정신의 허구일 뿐이며, 모든 지식, 심지어 가장 확실하다고 말해지는 것들도 허구일 뿐이라고 전제할 것이다. 왜냐하면 그것들은 더 이상 의심하지 않을 어떤 기준에 의존하지 않기 때문이다. 만일 우주 한구석에 웅크리고 있는, 이 세계의 집기 중의 하나가 아직도 여전히 너무 확실한 현전으로 남아있다면, 나는, 사물들에 대한 환상을 만들면서 나를 속이려 드는 영악한 천재의 실존을 선언할 것이다. 어쨌든 나는 어떻게 내 인식들이 진실이라는 것을 알 수 있을까? 이 서재에 있는 책상, 그리고 나의 현전까지 의심하지 않을 수 없다.》

《물론 사람들은 자신의 실존을 의심하고 주변의 모든 것을 의심하는 내가 미쳤다고 믿을 것이다. 이제 광기와 이성을 나누는 경계를 정하는 것 이외에 다른 선택이 없게 되었다. 나중에 20세기에 많은 철학자가 이 흔들리는 경계를 만날 때, 그것에 대해 질문할 때, 그리고 자신들이 진정으로 어디에 속하는지를 물을 때, 그들은 이 경계에 대해 많은 잉크를 소비할 것이다. 마치 내 하루의 일부를 이와 같은 일에 쓰는 것이 다소 미친 짓이 아닌 것처럼 말이다. 화가들은 일각수, 용 등과 같은 상상적인 존재들을 그린다. 내 책상 위에서 실제의 요소들과 나 자신의 도움으로 이 형상들을 구성하면서 말이다. 그리고 나는 조합을 위해 나의 사유들을 짜는 노트들, 기록들, 책들을 사용한다. 그리고 이 사유들은 나를 아주 멀리 이끌어 때때로 절대적인 어둠 속에서 자신을 발견하는 것이 아닌가 두렵기도 하다. 작은 빛도, 빛이 새어드는 구멍이 있는 방도 없이 나의 사유들은 모든 방향으로 흩어져서 달린다. 만일 내가 그것들을 멈추기를 원한다면, 나는 판단들을 정지해야 하고, 결국 나에게 속한 활동을 발견하기에 이른다. 의심의 사실 그 자체만이 고유하게 나에게 속한다. 하나의 길이 그려지기 시작한다. 나는 그 길을 따라가기로 결심한다. 믿기지 않을 정도로 땅, 하늘, 색, 공기, 형상을 제거하고, 내 손, 눈, 살, 피를 보이지 않게 하는 집요한 영악한 천재와 함께, 나는 이 길을 따라가기로 결심한다. 이것은 나의 유일한 선택이다. 나는 항상 걷는 것을 좋아했고, 나는 이제부터 그것을 보여주기를 원한다.》

《내가 "이 세상에 가장 공평하게 분배되어 있는 것으로서 양식"을 변호한 『방법서설』의 도입부로 당신들을 초대한다. 여기서 나는 "천천히 걷는 사람들이 더 잘 나아갈 수 있다"는 것을 단호히 확인했다. 그들이 달리는 사람들이 하지 못하고 멀어지는 곧바른 길을 항상 따른다면" 말이다. 달리기가 지그재그를 그리고 길에서 벗어나게 할 때, 걷기는 내가 나의 길에 머무는 것을 허락한다. 또한 나는 달리기와 멀어질 것이고, 추론할 시간을 가지면서 나의 길에 도움이 되는 걷기를 계속할 것이다. 명상은 걷기의 기술이다. 명상은 내가 물에 빠져서 수영할 수 없을 때 추가적으로 온다. "마치 갑자기 내가 아주 깊은 물에 빠진 나머지 너무 놀라서 바닥에 내 발을 놓을 수도, 수영할 수도 없는 것처럼 말이다. 그럼에도 불구하고 나는 온 힘을 다할 것이고,[…] 이 세상에 더 이상 확실한 것이 없다는 것을 알 때까지 나는 계속 이 길을 갈 것이다."》

《당신들은 이해했을 것이다. 나는 수영하고 걷지만 달리지는 않는다. 달리기는 환영을 창출한다. 달리기와 함께 정신의 감독은 불가능해진다. 왜냐하면 달릴 때 나는 실제 형상들의 그림자들을 파악할 시간이 없기 때문이다. 따라서 속도를 줄여야 한다. 그리고 확실하고, 곧바른 큰길로 걸어서 "확실한 지점"에 이를 때까지 내게 익숙한 공간을 구성해야 한다. 이렇게 나는 주자가 아니라 걷는 자를 선택하면서 성찰 안으로 들어갔고, 그렇게 나의 형이상학적 성찰을 구성했다. 그 안에서, 규칙적인 걷기 안에 나에게 고유하게 속하는 것처럼 보이는 사유 활동의 빛나는 확실성 덕분에, 나는 충만한 빛 속에서 영혼의 불멸성과 신의 실존을 확신할 수 있었다.》

그래서 데카르트가 밖에 눈이 내리던 어느 날 저녁 난로 앞에서 불확실성과의 전쟁을 선언했을 때, 다시 말해 철학을 명확하고 차별적인 절대적인 사물들의 과학으로 변경할 필연성을 선언했을 때, 위와 같이 말했고, 말할 수 있었을 것이다. 그때 그가 유럽의 재력가들에게서 빌려온 전쟁에 익숙한 용병술은 그에게 별로 중요하지 않았다. 그리고 그의 유럽 여행의 쾌거, 그의 은둔은 새로운 느림의 약속이었다. 그것은 다름 아닌 합리적인 성찰을 함축하는 걷기의 상태, 확실성을 가지고 거기에 접근하는 걷기의 상태였다.

그러나 데카르트는 자신이 아직 위험한 경우에 도망칠 준비가 된 기병이 아니라는 것을 확신했을까? 그리고 철학 그 자

205

체는 절대로 서두르지 않는 이러한 시작에 만족할 수 있었을까? 우리는 이 시작의 장을 압도해야 하고, 걷는 사람보다 주자를 선언해야 하고, 형이상학보다 형이하학적 성찰을 시도해야 한다. 아니면 적어도 다음과 같은 질문이 가능하다. 만일 우리가 똑바로 걸으라는 데카르트의 충고 대신에, 우리가 숲 한가운데에 있을 때, 숲에서 빠져나오기 위해, 길을 잃을 위험을 무릅쓰고 뛰기 시작한다면 무슨 일이 일어날까? 더더욱 멀어질 수도 있다. 그리고 걷기와 직선을 문제 제기하면서, 더 이상 자연적인 빛을 보지 않고 그것을 찾지 않는 다른 철학적 관점, 길을 잃은 주체의 관점이 나타날 수도 있다.

　내가 달릴 때, 내 관심은 우선 나의 신체, 나의 심장의 리듬, 신체의 운동을 방해하는 것 혹은 반대로 운동을 쉽게 만드는 것으로 향한다. 나는 무슨 수를 써서라도 앞으로 나아가려고 애쓰는 뼈마디들의 총합인 신체일 뿐이다. 피는 신체를 돌고 심장에 의해 퍼지고 심장의 펌프는 쉬지 않고, 심장의 리듬은 다시 정상으로 돌아오기 전에 흥분한다. 근육은 늘어나거나 수축하고, 고통은 다리에 정착하거나 사라진다. 나는 더 이상 나의 신체와 분리되지 않는다. 그래서 나는 영원할 것 같은 존재감을 느낀다.

　여기서 문제는 새로운 철학적 연극, 야외에 즉흥적으로

새워진 간이극장 위의 무대일까? 어쨌든 명증성의 기준이 전적으로 바뀌었다. "첫 번째 성찰"을 대신하는 새로운 성찰이 만들어진다.

《나는 내가 내 안에서 보는 모든 것은 존재하지 않으며, 나의 표상들은 내가 그 윤곽을 짐작으로 그리는 내적 극장의 무대 위에 그림자일 뿐이라고 전제할 것이다. 성찰 그 자체는 불확실하고 모호한 어떤 것으로서만 나에게 나타난다. 그것은 땀, 에너지, 피곤과 같은 것으로 확인되는 움직이는 나의 신체를 따라서 확장된다. 내가 나의 신체를 느끼는 한에서, 나는 무엇인가이고, 나는 존재한다는 것은 확실하다. 나는 무엇일까? 나의 신체 안에서 생각하는 신체. 신체, 다시 말해 뭔가를 할 수 있고, 할 수 없고, 긍정하고, 느끼고, 또 생각하는 어떤 것이다.》

이 무대의 교체 속에서, 코기토의 상처받을 수 없음은 운동 속에 상처받을 수 있음에 그 자리를 양보한다. 그러나 존재하기 위해서 코기토는 신체에 의해 지지를 받아야 한다. 즉 데카르트가 사용하는 지적인 기계에도 환원되지 않는 살과 피, 그리고 기분에 의해 운반되어야 한다. 충만한 빛에서 긍정되는 사유 아래서도, 사라지고 도망치는 그러나 여전히 현존하는 신체가 남아있다. 그럼에도 불구하고 사유는 의심의 여지 없이 신체를 열망한다. 사유에서 모든 것이 사라져야 한다. 나중에 그것을 다시 발견할 위험을 무릅쓰고서. 그때는 영혼과의 결합을 상상하는 것이 문제일 것이다.

달리기가 무엇인가를 우리에게 가르쳐 준다면, 그것은 바로 신체는 괄호 안에 넣어질 수 없다는 것이다. 이런 관점에서 달리기는 신체의 여러 가능성 중 하나가 아니다. 신체의 가능성이 신체 안에서 자신의 발전과정을 발견하자마자, 가능성은 신체를 고통 속에 넣는다. 어디까지 신체는 자신의 노력으로 갈 수 있을까? 이 속도로 몇 킬로미터까지 갈 수 있을까? 이 질문들은 형이상학 대신에 형이하학을 도래하게 한다. 정신의 감춰진 성질들의 분석보다는 운동 속에 신체의 방법론적 탐색, 그리고 이로부터 정신은 유일하게 가능한 형이상학이 될 수 있다. 단, 정신을 신체의 에너지를 파악하는 것을 가능하게 하는 장치로 만든다는 조건에서 그렇다.

움직이는 신체 안에서 표현되는 것은 무엇일까? 어떤 초월성이 달리기에 집착할까? 어떤 세계에 대한 전망일까? 주자는 이 질문을 신체 상태들로서 느낀다. 그러나 그가 달릴 때 말이다. 만일 철학이 대개 나중에 도래하는 것이라면, 여기서 문제는, 한번에, **운동 그 자체 안에서 생각하는** 것이다. 바로 이 조건에서 운동의 철학이 가능하다. 메를로 퐁티는 "운동 안에서 정확히 우리에게 주어지는 것은 무엇이며, 우리는 운동의 진리에 도달하기 위해 가상들을 버릴 준비가 되어있는지"[35]를 묻는다. 그러나 운동의 철학적 토대를 세우는 것은 우리가 철학하는 순간에 운동 안에 있음을 인정하는 것이다. 이런 조건에서만, 운동은 도착지로 향하는 한 사물의 운반자가 되기를 그친다. 이때 운동은 사물들의 부동성을 흔들고, 사물들에 리듬, 가속, 느림 등을 부과한다. 그리고 그 안에서 모든 존재는 운동이 된다. 마치 메를로 퐁티가 "주체가 운동 상태에 들어가는 것은 지각과 같은 자격으로 대상과 관계하는 탁월한 방법"[36]이라고 말한 것처럼 말이다.

사정이 이렇다면, 형이하학적 성찰은 가능한 신체의 변화들(variations)을 증명한다. 이 변화들이 세계의 상태들과 상관적인 한에서 말이다. 그리고 형이하학적 성찰은 문화적 시나리오와 형상화들을 고려해야 한다. 이것들을 통해 신화들은 이 변화들을 거대한 현대의 욕조 안에 빠트리기 위해 이 변화들을 점령한다.

---

35 Maurice Merleau-Ponty, *Phénoménologie de la perception*(『지각의 현상학』, 문학과 지성, 2002), Gallimard, "Tel", 1976, p. 310.
36 같은 책, p. 128.

31.

달려라 달려 토끼야

핑크 플로이드의 〈머니〉 앨범에서, 우리는 토끼에게 주어진 이상한 충고—"달려라 달려 토끼야(run, rabbit run)"—를 발견한다. 여기서 우리는 마치 라퐁텐의 우화, 〈토끼와 거북이〉와 "달려봤자 소용없다, 제때 출발해야 한다"는 그 유명한 첫 구절의 모방을 보는 듯하다. 라퐁텐은 걷는 자를 위해 주자를 신뢰하지 않는다. 빠른 토끼는 제논의 역설에 잡히고 결국 끈질기게 걷는 거북이한테 패배를 예감하지 않을 수 없다. 여기서 쉽게 재주를 가진 자의 건방짐에 반한 변변치 못한 사람의 노력의 저항과 예시를 인정하는 것은 그렇게 어렵지 않다. 토끼의 역설이 있다. 토끼는 승리를 자만한 나머지 출발해야 할 필요를 더 이상 느끼지 못한다. 더더욱 토끼는 출발의 지연을 영원히 반복할 가능성에서도 자신의 속도를 증명해서 영광에 도달하기를 바란다. 물론 "토끼는 화살처럼 출발한다." 그러나 "거북이가 먼저 도착한다." 왜냐하면 경주 내내 거북이는 "천천히 서둘러서" 갈 줄 알았기 때문이다. 토끼의 영광의 퇴장. 평민의 노동이 불규칙한 귀족을 이긴다. 이렇게 두 동물 간의 매우 특이한 경주가 구성된다. 다시 말해 거북이 입장에서, 모든 삶은 거기에 도달하고자 하는 노력에서 일시적으로 중단된다. 반면 토끼 입장에서, 달리기 그 자체의 가능성이 지워지는 우여곡절, 들판에서의 방랑, 어디서나 유죄인 게으름이 있다.

달리기의 고귀함은 느린 자의 그 유명한 열정에 직면해서 패배하게 되어있다. 모든 제3신분의 교훈은 이미 여기서 작동한다. 그러나 아마도 본질적인 것은 여기가 아닐 것이다. 물론 역할이 바뀌고, 영광과 명예를 찾는 고귀한 주자, 귀족은 더러운 몸의 부끄러운 도망자, 혹은 불확실한 지위의 도망자가 되어 다만 그 상황에서 벗어나려는 시간이 올 것이다. 여기서 그들은 표류하는 익명의 도망자들, 도시의 성문 앞에 죽은 자들 가운데에서 피난처를 찾는 강도들, 지칠 때까지 달리는 부랑자들일 것이다. 형태와 모델의 교체를 통한 주자의 이런 신체의 변신 속에서 귀족은 느린 주체로 변신하게 된다. 이것은 주자의 윤리적 명예의 문제일 것이다. 즉 움직이는 양극 간의 거리 속에서 주자의 두 신체, 현대의 대중적인 주자의 모습과 그와 연대한 이전 달리기의 고귀함을 유지하는 것이다.

그러나 주자는 높고 낮은, 귀족과 제3신분이라는 구분되는 두 특징을 자신의 신체 안에 함께 모으기 전에, 땀 속에서 영광스러운 현대 세계의 총체적인 인물의 수준에 오르기 전에, 가난한 농부를 일 시키던 다만 게으른 귀족이었던 적이 있었다. 그 가난한 농부의 보물은 한 마디로, 버티기, 포기 없이 이 노력의 기술을 지속하고 전달하기로 요약되었다. 농부는 노동자 아들에게 수고하라고 말하지 않는다. 없는 자에게 부족한 것은 자산이기 때문이다. 노동의 보물은 걷기로 간주되는 반면 게으름은 열심인 주자에게 제격이다. 여기서 우리는 다시 한번 고대의 모든 가속화에 대한 가치 저하와 빠른 세상에 반하는 감속의 소망, 다시 말해 세상에 부동의 완벽함을 다시 주고자 하는 소망을 발견한다. 이때 걷기는 이러한 완벽함에 접근을 가능하게 할 것이다. 우리는 다시 그리스로 돌아왔다. 라퐁텐의 우화는 제논의 역설보다 더 나아간다. 고대의 아주 영민한 이 철학자는 위대한 미래를 약속하는 달리기의 원조가 되는 아킬레스와 거북이 간의 경주를 상상했다. 이러한 경주는 공간과 시간을 섞고 그 둘 사이의 불화를 고려한다. 아킬레스는 시간의 친구이고, 시간의 속도를 찬양한다. 반면 거북이는 공간의 친구이고, 공간을 다투어 나누는 데 만족한다. 이 투쟁에서 이기는 자는 공간이다. 왜냐하면 아킬레스가 비록 빨리 달린다고 해도, 그는 공간의 무한 분할을 따라잡을 수 없고, 그 안에 갇히기 때문이다. 아킬레스가 분할의 인질이라면, 거북이는 느림의 시대에 아킬레스에 앞서서 이 시합을 시작할 엄청난 특권을 가진다. 아킬레스는 거북이의 앞섬을 절대로 공간적으로 잡을 수 없을 것이다. 왜냐하면 공간의 분할 가능성이 전부라서 운동의 분할 불가능성을 실패로 이끌 것이기 때문이다. 어떤 도움도 없이, 현기증 나는 분할의 좌절하고 쓰러진 완전히 몰락한 아킬레스를 상상해야 한다. 제논의 역설은 여기서 그 정점에 도달한다. 아킬레스의 늦음은 만회할 수가 없다. 왜냐하면 그가 무엇을 하든, 거북이와의 거리, 그가 따라잡아야 할 간격은 영원히 분할되기 때문이다. 거북이를 따라잡고자 하는 열정에 사로잡힌 아킬레스는 거북이를 절대 추월할 수 없다. 그는 영원히 그와 거북이를 분리하는,

그가 비록 계속 거북이에 가까워진다고 할지라도 절대로 도달할 수 없는 항상 더 나눠진 간격으로 옮겨질 뿐이다. 제논의 교훈은 달리기에 적용된 수학의 교훈이고자 한다. 베르그손은 "두 지점을 분리하는 간격은 영원히 나눠질 수 있다. 그리고 만일 운동이 간격 그 자체의 부분들인 부분들로 구성된다면, 그 간격은 절대로 넘을 수 없다"[37]는 점을 상기한다.

베르그손은 바로 이 환상을 제거하는 나무랄 때 없는 주자다. 아킬레스는 제논의 반박을 고려할 필요가 없다. 그는 달리는 것으로 충분하다. "달려라 달려 토끼야." 이 사실은 공간의 모든 방해물을 지나가는 나눌 수 없는 것이다. 새로운 차원이 열린다. 주자는 운동 안에 정착한다. 그는 말하자면 운동의 즐거운 인질이다. 그러나 운동이란 무엇일까? 운동은 측정된 시간과 혼동되어 지나온 공간이 아니라, 자신의 고유한 일관성 안에 시간, 베르그손이 "지속"이라 부르는 것이다. 시간은 공간을 침범한다. 시간이 더 이상 분할되지 않는 한에서 말이다. 그것은 또한 공간과 다른 성질을 가진다. 그것은 공간 안의 흐름이고, 이 흐름은 고체라기보다 액체며, 나눌 수 없다. 그것은 세계 한가운데 놓인 독창적인 교훈이다. 결국 아킬레스가

---

37   베르그손, 앞의 책, p. 84.

거북이를 추월하는 순간이 도래할 것이다. 왜냐하면 아킬레스의 나눠질 수 없는 발걸음은 유일하게 체험된 지속, 나눠질 수 없는 리듬을 형성할 것이기 때문이다. 이 나눠질 수 없는 리듬의 선으로의 치환만이 시간의 공간 안으로의 추락을 함축한다. 그리고 이 리듬에서 제논의 역설을 소멸시킬 가능성이 나타난다. 왜냐하면 본질적인 것은 시간이기 때문이다. 주자는 시간 공간의 결속을 깨트리고, 주자는 공간이 헛되이 잡으려고 노력하는 지속의 중재인이다. 그러나 지속의 지배는 여기가 아니다. 차라리 그것은 시간의 형이상학적 성장과 관계한다. 이 형이상학은 화려하다. 어떤 길도 시간을 제거하지 못하고, 어떤 거리도 과정을 이기지 못한다. 이것은 라퐁텐의 산토끼에 대한 핑크 플로이드의 집토끼의 승리다.

최종적으로 모든 역설이 고갈되었을 때, 거침없는 달리기의 가능성만이 남는다. "달려라 달려 토끼야." 이것은 아마도 쫓기는 무법자를 위한 명령어일 것이다. 이것은 이동성의 반란의 호소일 것이다. 중요한 것은 공간보다 시간의 삶에 접근하고, 공간에 잡히지 않을 가능성이다. 다시 말해 여기서 우리는 이동 시 그 내적 이행들에서 공간화됨이 없이 공간을 이동하는 일종의 "보편화된 육상"을 전제한다는 것을 인정해야 한다. 이 이행들은 다양한 리듬들을 가지며, 어떤 주자도 같은 리듬으로 달리지 않는다. 각각의 리듬은 맥박, 에너지, 연계의 변화를 인정한다. 그러나 각각의 리듬은 순수한 지속으로 나뉘질 수 없는 체험으로 남는다. 따라서 들뢰즈는 베르그손을 해석하면서 "베르그손은 지속하는 리듬의 다수성에 대해 말한다. 그러나 같은 맥락 안에서 그는 다소 빠르거나 느린 지속에 대해서, 각각의 지속은 절대이며, 각각의 리듬은 그 자체 지속이라는 사실을 명확히 한다."[38] 여기서 우리는 더 가까이 수수께끼에 접근한다. 모든 주자는 절대로서 체험된 리듬−지속의 탐구 속에 존재한다. 따라서 주자가 달린 것은 공간이 아니라 시간이다. 바로 여기에 라퐁텐의 실수가 있고 핑크 플로이드의 설욕전이 있다. "달려라 달려 토끼야." 따라서 질문은 다음과 같다. 주자들의 지속들은 서로 교환될 수 있을까? 공간을 부식시키는 시간은 이어서 공간에 의해 부식될 수 있을까?

38   Gille Deleuze, *Bergsonisme*(『베르그송주의』, 문학과 지성, 1996), PUF, 1966, p. 75.

32.

바보짓의 열정

한 번의 달리기는 신비하지도 복잡하지도 않다. 그러나 반복적인 달리기는 수수께끼가 되고 광기에 접근할 수도 있다. 우리는 삶에서 무엇에 집착할까? 무엇인가에 매달리는 것과 무엇인가에 미치는 것 사이에 어떤 연계가 있을까? 그럴 것 같다. "나는 항상 삶 속에서 무수한 시험에 직면했다. 작은 개인적 시험들은 때때로 제도적이고 정치적인 시험들로 끝이 나기도 했다."[39] 바보짓(bêtise)은 의심의 여지 없이 이 시험의 필요와 어떤 관계를 가진다. 왜냐하면 바보짓은 항상 모든 대가를 치르더라도 실현하고자 하는 어떤 생각에 대한 집착에서 시작한다. 고정관념으로의 이러한 전향 안에서, 문제는 계획의 방해를 제거하는 것이다. 가능한 것들의 복잡성과 다양성은 필연적으로 단순한 계획의 단일성을 위해 상실된다. 바보가 되기 위해서는 바보짓에 대한 자기 통제력을 가져야 한다.

물론 바보짓의 기원은 일어날 법하지 않은 것으로부터 오고, 다만 그 분야에서 유일한 것으로 남을 것이다. 그와 같은 것은 실언이나 실수와 같은 바보짓의 운명이다. 그러나 점진적으로 획득해 가는 다른 종류의 바보짓도 존재한다. 이런 바보짓은 예상치 못한 어떤 자발성에서 오는 것이 아니라, 모든 것에 반해 강박적으로 된 과도한 훈련을 통해 형성된다. 일본 작가 무라카미 하루키는 어떻게 자신의 모든 삶이 달리기에 대한 열정으로부터 다시 방향을 잡았는지 이야기한다. 그가 말하는 것은 다만 장거리 주자가 된 작가가 아니라, 달리기의 명령에 복종한 삶이 된 작가의 삶 그 자체. 이 명령은 하찮은 것이기 때문에 이 명령에 따라 삶을 통제하는 것은 전혀 지적

---

39 Avital Ronell, *Test Drive: la Passion de l'épreuve*(『테스트 욕동: 시험의 열정』), trad. Christophe Jaquet, Stock, p. 237.

이 아니다. 반대로 그것은 전적으로 바보짓이다. 그러나 여기서 어떤 삶이 긍정될까? 그것은 이 바보짓과 자유에 대한 알려진 증오를 혼동하고자 하는 것이다. 삶은 규율이 없기 때문에, 마치 자신과 어항 속에 물고기가 같은 것처럼 스스로 자신의 삶에 한계를 정하고자 하는 유혹이 클 수 있다. 매일 아침, 거리로 나서는 장거리 주자의 규칙성은 삶의 무한한 가능성의 제한과 닮았다. 이를 위해 주자, 하루키는 스파르타식 삶의 방식을 따라서, 더 이상 친구들도 만나지 않고, 모든 종류의 과도함을 금지하면서까지, 매일 저녁 같은 시간에 잠자리에 든다. 마치 모든 것은 내적인 규율이 외적인 규율을 대신하고, 전자는 더 이상 후자를 필요로 하지 않고, 제한 없는 내적 구속을 자기화할 수 있는 것처럼 일어난다. 만일 바보짓이 "전망의 축소"[40]에서 알려진다면, 달리기는 많은 시간을 잡아먹고, 자신에게 냉혹한 탁월한 바보짓이 될 수 있다. 바보짓의 재능은 세계를 만드는 능력에서 알려진다. 발로부터 삶을 고려하는 것은 주자에게 두 번째 삶과 같은 가치를 가진다. 따라서 달리기, 음식과 잠의 통제, 크로노미터가 있게 될 것이다. 세상

---

40 Avital Ronell, *Stupidity*(『어리석음』), trad. Céline Surprenant, Stock, 2006, p. 12.

은 그 색깔이 변하고, 달리기는 열정으로 변신하고, 이 열정은 바보짓의 열정이고, 내적인 자기 자신에 대한 시험을 산출한다.

바보짓에 대한 도덕적 평가로 서둘러 갈 필요는 없다. 무제한의 자유에 의해 지배되기를 원치 않는 도덕의 결과로서 바보짓을 지체 없이 비판하는 니체 또한 우리에게 "바보짓은 삶과 성장의 조건"[41]이라고 가르친다. 바보짓은 원한으로서만 해석되지 않는다. 끈질김에서 보면, 그것은 견줄 데 없는 삶의 강도에 가치를 부여한다. 자신을 위해 끈질김을 손에 넣은 주자는 강도를 찾는다. 주자는 다른 방식으로 강도를 알게 될 것이고, 어쩌면 달리기를 그만둘지도 모른다. 다만 주자의 세계는 그가 달릴 때만 일종의 강도에 접근한다. 그것은 그가 불완전하게 존재한다고 믿는 것이다. 그러나 태어난다는 것은 이런 상태에 몰리는 것이 아닐까? 여기서 나올 수 있는 유일한 반대의 열정은 허무주의의 열정일 것이다. 우리는 허무주의의 주자를 상상할 수 있을까? 물론 달리기는 아무것도 긍정하지 않는다. 그러나 그것은 여전히 아무것도 아닌 것에 반해 자신을 긍정한다. 달리기라는 바보짓은 허무주의의 전복에서 온다. 그가 창출한 세계가 작고, 좁고, 편협한 세계라는 사실에

41　같은 책, 같은 곳에서 아비탈 로넬이 인용된 구절.

대해서는 어떤 의심도 없다. 다시 말해, 어떤 삶은 삶에 우호적인 환경을 필요로 하지 않을까? 반면 달리기는 자신의 둥지를 만들고, 노마디즘 안에 정착하는 것을 배우는 것이라는 사실을 말해야 한다. 아마도 다른 것을 시도할 수 있으려면 제한된 것의 자유에서 다시 태어나야 한다. 주자는 겸손하다. 그는 자신의 달리기 철학이 그를 아주 멀리 이끌지 않는다는 것을 안다. 그러나 그는 또한 자신이 다른 곳에 있는 것 같이 자신을 느끼게 되는 날이 올 것임을 안다. 달리기는 당신이 여기에 있을 때, 당신이 다른 곳을 생각하게 하는 바보짓이다.

33.

상처받을 수 있음

우리는 기꺼이 주자는 쓰러질 수 없는 존재, 의지로 모든 것을 획득한 존재, 자기 자신을 넘어서 갈 수 있고 고통과 수난의 길 위에 자신의 신체를 맡기는 존재로 상상한다. 달리기가 이처럼 무적의 경험을 하는 것인지는 확실하지 않다. 오히려 그 반대가 사실과 더 가까울지도 모른다. 그래서 상처받을 수 있음과 피곤으로부터 달리기 기술에 접근하는 것이 합리적일 것이다. 달리기에서는 패배하는 경우 변명이 존재한다.

그것은 부상, 다리와 다른 신체 부위를 공격하는 모든 고통, 겨드랑이 아래의 타는 듯한 고통, 다리의 경련과 같은 경험과 관계한다. 근육 파열과 찢어짐, 그리고 이완을 고려하지 않고서도 말이다. 주자는 이런 물리적 삶으로부터 빠져나올 수 없으며, 이런 상처받을 수 있음의 경험을 포함하는 철학으로 이뤄질 것이다. 주자는 이 상처받을 수 있음을 자신의 생명의 증거 그 자체로 찾는다. 이런 의미에서 주자는 니체의 건강 개념에 접근한다. 니체에 의하면 병은 삶에 대한 또 다른 사랑을 허락하는 "삶에 대한 하나의 관점이다." 그리고 이 사랑은 현실적이 되는 삶의 방식 안에서 아픈 시기를 돌아본다. 아마도 고통의 시기, 신체 안에 요동하는 모든 것은 달리는 사람에게 삶의 다른 철학을 스스로 만드는 것을 허락할 것이다. 그 안에서 중요한 것은 성공이라기보다는 자기 자신의 상처받을 수 있음과의 관계 속으로 들어갈 가능성이다. 자신의 상처받을 수 있음의 친구가 되는 것은 더 이상 그것을 피하지 않고 삶의 부분으로 고려한다는 것을 의미한다.

어원학적으로 상처받을 수 있음(vulnérabilité)은 상처(vulnus)를 받아들일 수 있는 능력을 의미한다. 그러나 상처를 입는 것은 다만 외적 폭력을 당하는 것이 아니라, 대답의 가능성을 정식화하는 것이다. 상처받을 수 있음은 수동성의 경험이면서 동시에 당신을 다치게 하는 것에 대답할 수 있는 가능성이다. 폭력은 상처에 대한 가장 단순한 대답 중 하나다. 누군가 나에게 상처를 주면 나는 그에게 돌려줄 상처를 찾는다. 달리기는 이와 다르다. 달리기에서 내가 입은 상처는 나 이외에 누구에게도 불가능하다. 너무 지나친 연습은 결국 이완된 근육을 수축시키는 것으로 끝나고, 부족한 연습은 무릎 통증으로 끝날 것이다. 부상은 누군가 의도적으로 산출함이 없이 주자의 삶에서 돌발적으로 일어난다. 이것이 바로 상처받을 수 있음의 경험을 만든다. 즉 상처는 그 원인자로 거슬러 올라갈 수 없이 생겨난다. 이런 관점에서 "자신에게 상처를 입히다(je me bresse)"[42]라는 표현은 잘못이다. 이 말은 내가 부상을 만든 자라는 것을 의미하기 때문이다. 실제로 나는 부상을 내 신체의 가능성으로서, 신체 그 자체의 자율성이 가진 생명의 순환으로서 발견한다. 그리고 이러한 순환에 역행해 내가 할 수 있는 일은 아무것도 없다. 상처받을 수 있음은 가능한 상처는 나의 의지와 독립적인 의식과 함께 오고, 모든 명령에 저항하

---

42 (역주) 행위의 동작주가 중요한 프랑스어는 어떤 행위가 자신에게 가해질 때, 예를 들어 내가 넘어져서 '상처를 입는' 경우, 위의 표현처럼 '대명동사'를 사용한다. 물론 자연스런 우리말 옮김은 '다치다' 혹은 '상처를 입다'이다.

는 삶의 회로를 형성한다.

달리기는 부상 때문에 더 이상 달릴 수 없는 것으로 돌아오는 것일지도 모른다. 그러나 대부분 우리는 부상과 더불어, 신체 안에 고통을 느끼면서 달린다. 나이가 들수록 더더욱 그렇다. 어깨, 허리의 고통, 무릎 통증, 근육통 등등. 우리가 자신의 신체에 반해서 달린다고 생각하는 것은 잘못이다. 만일 그렇다면, 1킬로미터도 달리지 못하고 집으로 돌아와야 할 것이다. 고통 속에서도 우리는 신체와 더불어 달린다. 우리는 자기 신체의 "주인이나 소유자"가 아니라, 신체의 통증을 경청하는 의사라는 사실을 깨달아야 한다. 우리가 어떻게 해볼 수 있는 통증들이 있다. 그러나 또한 휴식 말고는 다른 방도가 없는 통증들도 있다. 주자의 신체가 구성된다는 것은 신체의 생명력과 신체의 상처받을 수 있는 영역 간의 구성 안으로 들어간다는 것을 의미한다. 그래서 생존력은 증폭된 허약함에서 벗어날 수 있다. 그러나 누구도 미리 어디에 좋은 조합이 있고 도망쳐야 할 나쁜 조합이 있는지 선언할 수 없다. 확실한 것은 달리기의 즐거움은 나쁜 정열에서 좋은 정열로의 이행 덕분에 생존력을 증가시킬 수 있다는 점이다. 나쁜 정열은 부상 때문에 달리기의 경험 그 자체를 주자에게서 빼앗으면서 주자를 파괴한다. 반면 좋은 정열은 주자에게서 달리기의 가능성을 제거하지 않을 뿐만 아니라, 주자를 더 멀리 가게 하거나 주자에게 더 강한 달리기 기술을 돌려주는 상처받을 수 있음과 주자를 결합한다.

누구도 자신이 상처받을 수 있음의 주인이라는 것을 알 수 없다는 것이 남는다. 우리는 어떤 지점까지 자신의 상처받을 수 있음의 고리와 그것에 저항할 수 있는 생명의 순환 간의 계약을 체결하고자 할 수 있다. 그래서 신체는 전혀 유일한 용기가 아니라, 통로가 미리 정해지지 않은 이질적인 힘의 극장이다. 만일 우리가 주자의 신체를 만들 수 있다면(마치 우리가 무용수나 산책자의 신체를 만들 듯이), 이 조합은 소중하다. 그것은 신체의 생명력과 허약함 간의 화해의 시간을 지속시킨다. 그러나 오늘이 내일 같으리라는 어떤 보장도 없다.

에밀 자토페크에 바쳐진 소설, 『달리기』의 저자 장 에스노(Jean Echenoz)는 특히 그가 멜버른 올림픽 마라톤을 묘사할 때, 누구보다도 탁월하게 이 상처받을 수 있음의 경험에 접근한다. 에밀 자토페크에게 이 경기는 은퇴 경기였고, 그는 올림픽에서 승리함으로써 자신의 경력을 화려하게 장식하기를 원했다. "30킬로미터 지점, 거의 숨을 쉴 수 없는 지경에서, 그는 달리기 코스 주변에 설치된 테이블 옆에 정지했다. 이 테이블 위에는 물이 담긴 양동이, 젖은 스펀지, 음료가 놓여있었다. 에밀은 몸에 물을 뿌리고, 반 잔의 물을 마신다. 주저하듯이 길을 바라보고, 다시 출발하기 위해 최초의 도약에서 아직 그에게 남아있는 힘을 억제하고 잔에 남은 물을 비우고 다시 출발한다. 그는 와해된 꼭두각시일 뿐이었고, 그의 발걸음은 불규칙했으며, 몸은 탈구된 것 같았고 시선에는 초점이 없었다. 마치 신경조직이 완전히 망가진 것처럼 말이다. 그는 스타디움까지 버텼다. 그는 6번째로 경기장에 들어왔다. 에밀은 결승지점에 도착해 무릎을 꿇고 엎어져서 마른 잔디에 머리를 댔다. 한동안 그 상태에서 그는 울고 토했다. 그리고 끝났다. 모든 것은 끝났다."[43]

---

43 Jean Echenoz, *Courir*, Minuit, 2008, p. 127.

34.

전쟁이 아니라, 사랑을 하라

만일 여럿이 달리는 것이 일종의 사랑이라면? 그렇다면 공식적인 사랑의 기술들과 다른 사랑의 방식이 존재한다는 말일까? 스피노자는 "신체가 무엇인지 알 수 없다"고 말한다. 신체는 자신의 피부 경계들에서 절대로 멈추지 않는다. 세계는 신체의 신체가 되고, 다른 신체들도 그렇다. 때때로 우리는 혼자이기 위해 달린다. 장거리 선수의 고독은 고독의 실질적인 본성에 대한 일련의 의심을 연다. 누가 12시와 2시 사이에,

혹은 퇴근 후에 혼자 거리로 나설까? 우리는 정말로 스스로 멀어져서 고독을 선언하는 주체를 믿을 수 있을까? 고독은 사회적 삶의 강박, 사회적 삶에서 부정된 것이다. 사회철학과 사회학은 사회적 삶에서 모든 마법의 힘, 모든 위험한 전염을 제거하기 위해 고독의 제거를 그치지 않는다.

때때로 우리는 둘이 되기 위해, 친구가 되기 위해 달린다. 이러한 열정을 낳는 교류는 그것을 소중하게 만드는 일종의 부드러운 광기를 소유한다. 어쨌든 샤워 후에 더 이상 사용할 수 없는 것이긴 하지만 말이다. 대화는 보통 일상의 평범한 이야기에서 시작해서, 불현듯 사물들의 평범한 이유의 이 아름다운 질서에서 벗어나서 흥분된 주제들에 그 자리를 양보하는 순간이 도래한다. 말해진 것은 최초의 말하기와 어떤 관계도 맺지 않는다. 이야기들은 주제를 벗어난다. 이런 도취는 둘 혹은 여럿이 뛰는 달리기의 가치를 만든다.

때때로 우리는 무리에 들어가기 위해 달린다. 셋 혹은 다섯이 아니라 다수 안에 존재하기 위해서. 달리기의 무리화는 근본적이다. 우리가 무리 안에 속할 때 무슨 일이 일어날까? 모든 주자는 혼자다. 그러나 주자는 또한 다른 이들과 함께한다. 모두가 같은 흐름 안으로, 최초의 영토 밖으로 쓸려간다. 들뢰즈와 가타리가 무리에 대해서 "각자는 자기 일을 하면서 동시에 무리의 일에 참여한다"**44**고 말한 것처럼 말이다. 무리를 형성하는 것은 공식적인 달리기 경주의 가장 큰 일 중 하나다. 일종의 복수화된 고독이 여기서 경험된다. 이것은 기존의 공간 논리를 뒤집는 축제를 형성한다. 주자들의 무리를 구성하는 탈주선은 도시의 중심들을 일시적으로 뒤집는 접선에 의해 도시를 꿰뚫는다. 들뢰즈와 가타리는 무리(meutes)와 대중(masses)을 대립시킨다. "무리는 자신들의 장소들에서조차 탈주선 혹은 그것의 부분인 탈영토화 위에서 구성된다. 무리는 여기에 긍정적인 가치를 부여한다. 반면 대중은 선들을 닫기 위해서, 선들에 부정적인 기호를 가하기 위해 선들에 통합될 뿐이다."**45** 세계적으로 유명한 마라톤 경기에서 주자들은 절대로 대중을 형성하지 않는다. 왜냐하면 그들은 무리의 가능성을 조직하는 탈주선을 따라서 팽창하기 때문이다. 들뢰즈와 가타리는 무리는 동물적 현상이라고 말한다. 그것은 주변에서 사는 방식이고 모든 무리에게 영향을 미치고 그들에게 생생한 다수성의 형세를 제시하는 강도를 경험하면서 주

44 질 들뢰즈, 펠릭스 가타리, 『천 개의 고원: 자본주의와 분열증 2』, 앞의 책, p. 47.
45 Ibid, p. 47.

변의 가능성들을 동원하는 삶의 방식이다. 움직이는 무리 안에, 각자 자신의 고독 속에 처한 주자들이 각각 접근하고자 하는 진정한 변화율인 강도가 형성된다. 무리에 합류하기 위해 자아의 윤곽을 분해하기에 이르는 것, 이 집약적 매듭에 속하는 것은 장거리 주자에게 가장 큰 사건이다. 마라톤, 하프마라톤, 10000미터의 탈주선은 무리의 구성원으로 자신을 긍정하는 주자가 전개하는 에너지에 의해서만 존재한다. 이것을 위해 주자는 자신의 개인적 모습을 너무 많이 신뢰하지 않는 것이 중요하다. 타인들과 연계를 느끼는 것은 고독의 우물에 빠지지 않는 조건이 된다. 만일 그가 결정적으로 길 위에서 홀로 달린다면, 주자는 포기의 결정적인 동의어인 정지와 같은 고독의 우물 속에 영원히 빠질 수 있다. 주자는 우선 "나는 느낀다"는 아주 중요한 느낌을 통해 달리기와 연결된다. 이것은 타자들과 무리로 확대될 수 있고 욕망의 세계가 도래하는 움직이는 신체들이 형성하는 예측할 수 없는 선과 연결되었다는 감정 속에서다.

무리는 항상 무리를 부득이 받아들인 영토와의 관계에서 여분으로 구성된다. 무리는 큰 대로를 지나 넓은 길 위에서 전개되고 보다 좁은 길들 안에서 마치 같은 흐름처럼 같은 모험을 한다. 무리는 최대한 팽창하고 무리가 확인하는 강도는 무리의 다수성을 구성한다. 차단벽 뒤에서 영토화된 관객에게는 다수성만이 존재한다. 주자들은 더 이상 존재하지 않는다. 그들은 도시의 동맥들을 통과하는 살아있는 같은 유기체다. 무리는 자신에 대한 가장 높은 긍정에서 존재한다. 단수의 격리 집단들은 거대한 강처럼 흐르는 새로운 강도 안에 용해된다. 무리가 흩어지고, 무리 한가운데에서 개인성들을—힘찬 것이든 상처 입은 것이든, 승리에 차 있든 익명이든—배출하기 위해 분할할 수 없는 다수의 신체의 전사 같은 생명력을 상실하게 되는 것은 한참 나중이다. 왜냐하면 특히 마라톤에서 주자들이 무리를 뚫고 나오면서 송곳처럼 솟아나는 순간이 도래하기 때문이다. 그들은 미래의 질주를 기다리는 토끼들이 아니라, 그들만이 형성할 수 있는 경로 위에서 로켓처럼 나아가는 탁월한 전사다. 무리가 자신의 잔해들을 토해내는 순간도 온다. 누군가는 저 아래 구석에서 거의 죽어가고, 누군가는 걷고, 누군가는 비틀거린다. 이렇게 주자들은 무리의 두 경계, 앞과 뒤에서 다시 개인화된다. 승자 혹은 패자로서 개인들은 경주를 개인화한다. 이것은 무리의 끝이며, 개인들이 싸우거나 혹은 끝내고자 하는 무리와 연결되어 있음을 더 이상 느끼지 못하는 개인들의 반격 과정이다. 그러나 진짜 삶은 다른 곳에, 무리의 심장 안에 있다. 그것은 주자들에게 맡겨진 탈개인화,

더 이상 자기가 아니기 위한, 다수에 마음이 끌리도록 내버려두는 고행 같은 연습 안에 있다. 각각의 주자는 경주에서 여러 신체들을 가진다. 그리고 이러한 끝없는 변신은 거대한 신체가 전개되기 위한 필요조건이다. 도착지점에서 서로 헤어지고 영토의 논리를 재건립하는 것은 항상 가능할 것이다. 몇 시간 동안 영토는 무리로 구성된 모든 이동성들과, 거리 안에 흩어지고, 마구 뻗어나는 나무와 같은 형상을 창출하는 모든 미는 힘들에 의해 위협받는 것은 사실이다. 무리의 달리기는 들뢰즈와 가타리가 제기하는 질문이 잘 보여주듯이 수수께끼다. "갑자기 새로운 강도의 아주 작은 시냇물이 흐르는 것은 이 거대하게 펼쳐진 영토 안에서, 그리고 이 영토 안에 거대한 변동과의 관계 안에서가 아니면 어떻게 가능한가?"

그리고 사랑의 기술로서의 달리기는 새로운 사랑학일까? 보스턴은 1897년 처음으로 마라톤이 열린 도시다. 또한 빌 로저스(Bill Rodgers)의 도시이기도 하다. 로저스는 코네티컷주 웨슬리안 대학에서 사회학을 가르치는데, 그는 장거리 경주를 한다. 겉보기에 서로 멀어 보이는 이 두 형태는 결국 만난다. 왜냐하면 한편으로 어떻게 사회를 만드는지 연구해야 한다면, 그것은 다른 측면에서 보다 잘 분리를 해야 하기 때문이다. 사회학자는 달리는 동안 자신의 지식으로부터 멀어진다. 그는 다른 곳에서, 세계 안에서, 고독 속에서 사는 방식, 어디에도 속하지 않는 주체로, 익명으로 사는 방식을 찾는다. 이 두 경향은 육상선수의 신체 안에서 확인된다. 로저스는 베트남 전쟁에 반대해서 병역을 기피한 사람이다. 그는 대중을 원치 않는다. 그는 수천 명의 다른 사람들처럼 젊은 평화주의자의 구호인 "전쟁이 아닌 사랑을 하라"고 외친다. 사람들은 그가 온갖 종류의 담배를 피우는데 개의치 않고, 다른 곳, 항상 다른 곳을 보고, 오토바이에 빠져있고, 트라이엄프 650을 가지고 있고, 헬멧도 안 쓰고 오토바이를 탄다고 말한다. 달리기는? 달리기는 그에게 사회학에 등을 돌리는 방식이고, 오토바이를 도둑맞고 대중교통을 이용하는 대신에 달리기를 시작했을 때, 그것은 즉흥적으로 떠오른 해결책이다. 그리고 이 탈영토화의 선은 1975년 4월, 애국의 날 기념행사에서 결국 빛을 발한다. 누가 믿을 수 있을까? 그는 결국 4회 연속 우승으로 미국 신기록을 남기기에 이른다.

따라서 달리기는 생명의 능력, 다른 것과 연대할 수 있는 삶의 모습, 임시로 함께 사는 기술, 그리고 주자들의 이동성에 의해 구멍난 공간에 의해 살짝 한정된 삶의 기술을 발명하는 것이다. 사랑의 약속은 각자의 고독으로부터 온다. 전쟁보다는 사랑, 그것은 대중에 대한 무리의 복수이며, 형상, 선, 경로

등을 발명하고 행동하기 위해 모인 삶들의 비정상−되기다. 사랑은 바로 이 행동의 가능성이다. 집단적이고 일시적인 일, 그것은 이상한 스타일, 무리의 스타일이다.

35.

감상적 군중

산책자나 성급한 자동차 운전자와 부딪친 주자가 갑자기 교차로에 묶여 끝없는 흐름이 지나가고 빠져나갈 구멍이 생길 때까지 기다릴 때, "군중(foule)이 되는" 경우가 있다. 바깥에 있는 사람에게 군중은 이방인이다. 그 안에 속한 사람에게 군중은 삶의 가능성, 존재의 임시적인 방식이다. 군중을 만드는 거대한 사건은 무엇일까? 록 가수 공연? 축구 같은 운동 경기? 정치 회동?

이 모든 사건은 행위의 주체와 관객을 나눈다. 사건들은 다만 스펙터클의 이념을 다양한 참여 제의를 따라 그 기능을 다양화하면서 세상에 널리 알릴 뿐만 아니라, "위대한 사람들"과 "평범한 사람들", 즉 우리가 보러 가는 사람들과 관객 간의 나눔을 정당화한다. 이로부터 본질적으로 보수적인 기능이 그들에게 고정된다. 즉 세계를 상태 그대로 보존하기, 너무 많이 흔들지 않기. 사회적 신체가 사람들이 그에게 제시하는 스펙터클을 받아들이는 것은 아무것도 변화하지 않아야 함을 의미할 수 있다. 만일 우리가 스펙터클을 맛본다면, 왜 스펙터클의 기원에 있는 원리를 변화시키기를 원하겠는가? 스펙터클의 사회는 사회적 역할들을 흔드는 사육제의 기능이 더 이상 침범할 수 없는 이미 여기에 있는 사회다. 가장 합의적인 스펙터클들은 세계를 변화 없이 그대로 내버려 두며, 가장 명백하고, 가장 복종적이고, 가장 완성된 지배의 기능들에 대해 전혀 문제를 제기하지 않는다. 스펙터클은 평범한 사람들에게 위대한 사람들의 코미디에 참여한다는 환상을 제공한다.

가설: 세계적인 마라톤대회, 혹은 열정적인 아마추어들에게 꽤 알려진 지역에서 열리는 달리기 경주들은 알랭 수송(Alain Souchon)의 노래에서처럼 "감상적인 군중(foules sentimentales)"을 창출한다. 우리가 할 수 없는 한 가지가 있다면,

그것은 냉소주의로 달리는 것이다. 이런 정신 상태로는 몇 킬로도 달릴 수 없다. 냉소주의자는 어떤 목적을 품고 달린다. 그는 거기에 도달하기 위해 모든 수단을 사용할 준비가 되어 있다. 그가 하는 것이 정당하고 좋은가는 그에게 전혀 중요하지 않다. 반대로 주자는 다만 자기 자신을 따라서 달린다. 그렇다고 그것이 자아에 집착한다는 말은 아니다. 자기 자신을 따라서 달린다는 것은 우리가 실현하고자 하는 어떤 생각이 머릿속에 있다는 말이다. 어떤 이에게 달리기는 다만 끝까지 달려 경주를 끝내는 것이고, 다른 이에게는 좋은 기록을 내는 것이고, 또 다른 이에게는 다른 누군가를 생각하는 방식이다. 그러나 절대로 이러한 달리기는 냉소적이 될 수 없다. 주자는 다른 주자들과 함께 경주 시간을 펼친다는 오직 그에게만 속하는 생각을 품는다. 이런 생각을 맛보지 못한 사람들에게는 이것이 매우 사소한 것처럼 보인다. "왜 이렇게 우스꽝스런 집착에 빠질까?"라는 말을 종종 듣는다. 그런데 집착 안에서 시작하지 않는 이념이 있을까? 그리고 특히 우리가 달릴 때, 심지어 달리지 않더라도 달리기에 관한 생각이 있다. 그리고 또한 우리가 달릴 때 자기와 함께하는 모든 생각들과 우리가 창출하는 생각들이 있다. 그리고 그것들 가운데 우리를 달리기로 귀착하게 하는 잠깐의 생각이 있다.

그래서 주자는 그 자신 안에서 달린다. 그는 절대로 지정된 거주지에 존재하지 않는다. 그렇다고 자기 자신 안에서 달린다는 것이 모든 방식으로 테스트한 내재성에 복종한다는 것을 의미하지 않는다. 주자는 자신의 내재성을 테스트하지 않는다. 주자는 내재성을 흥분하게 만들어 자기의 영역에서 나오게 해서 자기 밖에서 내재성이 퍼지는 것을 즐긴다. 때때로 누군가 강하게 내재성을 붙잡는다. 대화가 이어지고, 모든 관습을 넘어서 몇 킬로미터 동안 이 신비한 연대는 공통의 경험을 증명하는 것 이외에 다른 이유를 가지지 않는다. 각자의 삶은 자기 자신 밖에 놓이고, 삶은 자신의 작은 내적 순환을 다른 회로의 고리 안으로 들어가게 한다. 담론은 하구로 가는 강처럼 넓어지고, 여러 목소리들은 서로 섞이고, 누구도 제외되지 않는다. 그것은 대개 서로에게 용기를 북돋아 주는 말들이다. "조금만 더 견뎌요, 거의 다 왔어요. 우리 그룹에 붙어요, 곧 모두 도착할 거예요." 그러나 일상의 거의 중요하지 않은 이 목소리들은 다만 거기에 있는 것으로 충분하며, 주자들의 머리 위로 말들의 궁륭을 형성하는 것으로 충분하다. 발아래 길이 있고, 길은 또한 머리 위에서 흔들리는 말의 사건이 된다.

여기서 아무것도 이해하지 않는 것, 일상의 이 만남을 맞

보지 않는 것, 고리를 만드는 것보다 숭고한 스펙터클을 선호하는 것은 언제나 가능하다. 달리기에 대한 잡지들이 늘어난다는 것도 인정해야 한다. 잡지들은 달리기를 준비하기 위한 충고들과 음식 조절에 대한 충고들을 쏟아낸다. 그리고 사람들에게 달리기의 고도의 전문성을 믿도록 할 수 있다. 그러나 일상 속에서 실존의 뭔가를 긍정하는 실존에 못 박힌 일상의 활동은 남아있어야 한다. 주자가 머릿속에 간직하고 있거나 혹은 이미 빠져나간 떠도는 담론들 속에서, 다른 사람들과 함께 그리고 그들을 위해 몇몇 단편적인 말을 던지는 것은 다름 아닌 일상의 철학이다.

무엇을 위해서라기보다는 자신 안에서 달리면서, 주자는 자신과 함께 그리고 타인들과 함께 성찰한다. 이 형이하학적 성찰은 오늘날 연합을 이루는 평화로운 삶의 이상을 긍정하는 것과 같다. 우리는 위기의 시대에 산다. 정치적 긴장들은 더 이상 동서 구분처럼 이념적 대립으로 설명되지 않는다. 각자에게 어느 한 쪽을 강요하던 냉전시대와는 다르다. 이제 서구에서 강조점은 개인들이 각자 일 안에서 혹은 일 바깥에서 자신의 실존을 보다 강하게 느끼기 위해 구성된 작은 사회성들의 연쇄 위에 놓인다. 물론 오늘날 자유경제주의는 새로운 개인주의 회로의 긍정을 허용한다. 그것은 자신의 기술적 수단

(전화와 인터넷)을 통해 군중에서 빠져나온 선택적인 소통의 가능성을 제시한다. 대중에서 벗어나는 것은 대중과의 간격이라기보다는 대중과의 단절 속에서 타인들과 자신의 정원을 가꾸는 데 성공한 사람이 지불해야 하는 영광스런 몸값이 된다. 이 감정의 흐름에 있어 극도의 개인주의 경향은 우리가 후기-역사(posthistoire) 안으로 들어왔음을 시사한다. 그리고 상품 세계의 무제한적인 긍정의 시대에 자기 삶의 가능성이 궁극적인 가치가 되었다는 사실을 의미한다.

이 신자유주의 우화의 다른 판본이 존재할지도 모른다. 이것을 이해하기 위해 세계 경제의 위엄에 직면한 분노를 증명하는 운동들의 실존으로 돌아가야 한다. 그러나 더더욱 다른 세계에 대한 열망으로 돌아가야 한다. 오늘날 "분노한 사람들"은 다만 분노한 사람들이 아니다. 그들은 세계화의 시대에 동일한 삶의 위엄을 책임지면서 후기 민족주의와 후기 국가주의적 삶의 지형도를 그린다. 거기서 우리는 일상의 삶들이 반-민족주의적이고 후기-국가주의적인 하부-경제구조의 이상들을 개척하는 것을 발견한다. 이 삶들이 집결하는 방식들은 한 장소를 점령하는 형태를 취하기도 한다. 예를 들어 월스트리트를 점령하는 것처럼 말이다.

아마도 오늘날 주자들의 대 회합은 함께 사는 삶의 이상과 모두에게 확장된 시민권을 증언하는 다른 방식의 집결을 개발한다. 이 집결은 대낮의 시위와 다르다. 시위는 존재하기 위해, 시위대의 움직임이 거리에 흔적을 남기기 위해 사람들에게 대개 걷기를 요구한다. 유동적인 세계 안에서 흥분은 저 아래의 소문을 대신한다. 인간적 양태들은 분노의 실체를 형성하기 위해 조합된다. 따라서 타자들의 세계의 고집스런 이 모든 공간은 서로 융화되고, 불만은 긴 행렬의 모습으로 **모두 함께 구성되어야** 한다. 그러나 각자의 불만은 군중을 형성하는 기쁨을 가능하게 한다. 이것이 바로 시위가 시위자들에게 허용하는 궁극적인 은유, 구성원들 간의 실체의 전이다. **당신은 분노때문에 시작했지만 함께 하는 즐거움이 당신을 사로잡을 것이고 분노를 극복할 것이다.** 왜냐하면 당신은 저 아래 삶들의 소란스런 신체에 속한다고 느끼기 때문이고, 당신들의 삶, 당신들의 전단지, 당신들의 함성, 당신들의 소음, 당신들의 리듬, 당신들의 음악, 당신들의 간판, 당신들의 소지지, 당신들의 메가폰은 다만 당신들의 분노한 신체의 동반자가 아니라, 진짜 삶을 밝히는 방어자들이기 때문이다.

관객 군중과 시위 군중 사이에 장거리 경주 주자들의 감상적 군중이 있는 것처럼 보인다. 첫 번째 군중은 부동적이고, 두 번째는 걷는 군중이다. 세 번째 군중만이 달리는 군중이다.

이 리듬의 변화는 결과가 없는 것이 아니다. 주자들이 만드는 군중은 어떤 우상의 연주회에서 만들어진 집결과도, 시위 군중과도 동일하지 않다. 그 안에서 산만한 관객만이 아주 빠르게 스펙터클에서 확인할 수 있는 다른 논리가 알려진다. 실제로 여기서 문제는 전적으로 다른 것이다. 즉 한 공간, 한 도시의 평화적인 점령, 각자 여기서 자기 자신의 리듬을 전개하기 위해, 일정 공간의 폭력 없는 사유화가 문제다. 장거리 경주는 스펙터클을 만들고자 하는 것도, 시위를 통해 비판을 구성하고자 하는 것도 아니다.

　물론 세계적인 대규모 마라톤의 스펙터클한 차원이 존재한다. 그러나 이것은 그 이상으로 절대로 나아가지 않는다. 도착지점에서 몇 킬로미터 떨어져 세워진 연단들, 소시지나 운동복을 살 수 있는 텐트들은 소비의 초현대적 사원보다는 노마드의 오아시스를 생각나게 한다. 이것이 전부다. 게다가 관객은 재빨리 햇볕 아래나 빗속에서 몇 시간 동안, 거기 남아 있는 것이 지루하다는 사실을 이해할 것이다. 가족들이나 친구들만이 그 장소들을 기어오르고, 언제 끝날지 모르는 경주의 끝을, 누군가 결국 도착지점의 선을 통과하기를 기다린다. 점점 더 달리기는 국가적 혹은 세계적인 대의들과 연관된다. 모든 선한 인류는 그 대의들을 탈취하고 그것들에 고색찬란한 도덕을 부여하고자 한다. 누가 연대를 위해 유방암에 저항하는 달리기에 참가하기를 원치 않을 수 있을까? 때때로 달리기는 정치적인 사건을 만들기 위해 열리기도 한다. 이스라엘과 팔레스타인 주자들이 함께 달리도록 가자 지구 주변의 42킬로미터를 연결한 가자지구의 마라톤 기획은 모든 공식적인 지루한 반복에 반대해 "전쟁 대신에 달리자"라는 합의 가능성을 보여주었다. 그러나 여전히 여기에는 상징적인 것, 공통의 노력의 순수한 도덕 이외에 다른 것은 없다.

장거리 경주는 간접적으로만 스펙터클하고 비판적이라는 사실이 남는다. 달리기는 우선 군중을 만드는 것을 목적으로 한다. 구별되지 않는 대중의 모습을 잘라내면서 말이다. 여기에 장거리 경주의 목적이 있다. 러시아의 이론가 세르즈 차이크호틴(Serge Tchakhotine)은 1939년 그의 유명한 시론,『정치적 프로파간다에 의한 군중의 폭력』에서, 군중(foule)과 대중(masse) 간에 중요한 구분을 했다. 대중은 공간 안에 흩어지고, 대중을 구성하는 개인들은 물리적 근접성이나 신체적인 접촉을 가짐이 없이 공통의 이익을 위해 모인다. 반면 군중 안에서 신체적 전염은 급속히 퍼지고, 결국 스스로 존재하게 되는 유일한 개인을 형성하기에 이른다.[46]

이 군중을 특화하는 것은 달리는 동안 군중으로 존재하

는 것과 다른 것을 요구하지 않는다는 사실이다. 달리기는 달리기에 속한 모든 다양한 리듬으로 정돈될 때에만 존재할 수 있는 군중의 발명이다. 따라서 달리기는 군중이 발명한 장치로 생각될 수 있다. 장치란 다시 말해 각각의 리듬에서 유일한 리듬을 축출하기 위한 배치다. 그리고 배치란 조화(eurythmie)를 생산하기 위한 (집결에서 그리고 적어도 그 개념화에서 전혀 자발성이 없는) 인공적인 기계장치다. 그리고 그 조화는 2시간이 조금 지나 들어오는 1등 주자에서 6시간이 지나 결승점을 통과하는 마지막 주자까지 흩어짐도 단절됨도 없이 길게 늘어진 단 하나의 신체일 것이다. 바로 여기서 집결의 기적이 발견된다. 다시 말해 각자 자신의 리듬을 발명하면서 하나의 유일한 리듬을 창출하는 전달의 벨트가 된다. 각자 자신의 스타일, 자기 방식의 달리기를 주장한다. 그러나 결국 승리하고, 마라톤을 각자 자신의 고유한 특질을 가진 거대한 개체성과 같은 것으로 말할 수 있게 하는 것은 바로 이 유일한 스타일이다.

또한 모든 리듬으로 이뤄진 이 유일한 리듬은 괴물, 혹은 몰로크(Moloch)의 리듬이 아니다. 어떤 선전도 그것을 마음대

---

46 Pascal Michon, *Rythmes, pouvoir, mondialisation*(『리듬, 힘, 세계화』), PUF, 2005.

로 이용할 수 없다. 중요한 것은 이용할 수 없는 리듬, 모든 경제적 전이에 반한 진정한 전이다. 마치 깊은 바다로 떠나는 고래가 표면 위로 물을 뿜는 것처럼 물병과 종이컵, 오렌지 껍질 등을 내던지는 이 움직이는 군중 속에서 전해 오는 것은 무엇일까? 만일 우리가 여기서 군대 행렬의 창출을 위해 거리를 세심하게 정돈하는 데 여념이 없는 어떤 감춰진 권력자, 어떤 정치적인 힘을 볼 수 없다면 말이다. 그것은 순수한 우연성의 긍정과 다른 것이 아니다. 그것은 어떤 의도도, 어떤 사명도 없이 거기에 함께 있고, 각자가 마치 병들지 않은 거대 신체 안에 녹아들듯이 공통의 리듬 창출에 참여하는 덕분에 유지된다. 이 우연성은 헛된 것이 아니다. 그 안에서 지속이 공통의 리듬이 되는 것을 전제로 하는 작품이 발명된다. 그리고 그 우연성에 의해서 주자들의 머리에 의해 운반된 모든 작은 일상의 생각들은 자유롭게 존재할 수 있고 거대한 정신적 사건을 촉발한다. 여기서 내기는 우리가 그와 같은 집결 안에서 달릴 때 군중의 신체가 되는 것이다. 다시 말해 자신의 삶을 자기보다 더 광범위하게 시험하는 것, 제한되지 않고 넘치는 개인주의 안에 잡혀있다고 느끼는 것, 자신의 유한성을 잊는 것, 자신의 신체가 마라톤 주자들 전체의 유일한 신체보다 더 넓다고 믿는 것이다.

36.

철학과 장미에 대하여

　　때때로 개념적인 인물들은 한 페이지 덕분에 실제 인물들과 마찬가지로 진짜처럼 된다. 이들은 실재의 문을 밀고 우리에게까지 와서 모험을 하는 허구들로부터 나온 인물들이다. 대서양 너머로 시선을 돌리면, 북미 소설들 가운데, 동에서 서로 국경들을 밀치며 도망치는 이런 인물들을 생각할 수 있다. 달리기는 미국 문학에서처럼 "지리학적 선들을 따라서" 행해지며, "거기서 모든 것은 출발, 생성, 이행, 도약, 악마, 바깥과의 관계다."[47] 미국문학에서처럼 달리기에는 생성의 지리학 안에 살고, 제자리에 머물지 않는 인물들이 존재한다. 비록 그 인물들이 노마드에서처럼 지각 불가능한 방식으로 움직일 때조차 말이다. 달리기의 역사는 개념적인 인물들로 변신한 실제 인물들로, 삶들 안에 포함된 일반화로의 상승으로 채워진다. 왜냐하면 전에 없었던 배치들이 삶들 안에서 행해지고, 결국 누가 그것들을 만들었는지는 전혀 중요하지 않기 때문이다. 그것들이, 아스팔트에 밀착된 허구들이 존재한다는 것을 아는 것으로 충분하다.

1970년에 보스턴 마라톤에서 2시간 10분대를 깨고, 3달 후 영연방 경기에서 2시간 10분 아래로 기록을 경신한 어떤 삶을 예로 들어보자. 이런 삶의 유형은 무엇일까? 잡다한 요소들이 함께 모여 만들어진 불확실한 정체성, 특이한 장치, 자신이 키우는 장미들과 조우하려고 노력하는 배치, 그가 헌신하는 철학, 달리기, 그리고 화학자로서의 경력. 그를 개념적인 인물들의 은하계 안으로 내던지는 배치. 사실 이런 삶이 확인되기 전에 우리는 이런 삶이 진정으로 존재할 수 있다고 상상

47 Gille Deleuze, Claire Parnet, *Dialogues*(『디알로그』, 동문선, 2005), Flammarion, 1977, p. 48. réed, "Champs essais", 2008.

할 수 있을까? 누군가 동시에 철학 박사, 정원사, 화학자, 마라톤 주자인 것이 가능할까? 서류상으로는 불가능하지만 삶에서는 가능하다. 실제로 그러한 사례로 이 있을 법하지 않은 배치를 혼자 행한 론 힐(Ron Hill)이라고 불린 사람이 있다. 영국 북쪽 랭커셔주의 산업도시 애크링턴에서 태어난 그는 1953년부터 육상클럽을 다닌다. 자기 삶의 스타일을 전개하고, 공간과 시간 안에 이상한 모습들을 들어가게 하는데 전념한 삶. 우리는 더운 비닐하우스에서는 장미들이 자라고, 밖에서는 화학원소들이 비처럼 쏟아지고, 사무실 한구석에서는 철학책이 놓여있는 것을 상상할 수 있다. 작품을 만드는 삶, 즉 스타일을 만들기를 그치지 않는 삶, 파나마의 긴 터널과 페로에 섬을 포함해서 100개 이상의 국가에서 달리기 경주에 참여하는 쾌거를 이룬 삶, 공간과 국경을 이동하면서, 탈주선을 신체에 각인하면서, 스스로를 탈주하는 신체로 만들면서, 30년 동안 예외 없이 매일 공인된 적이 없는 달리기 기록을 세우면서 만든 삶. 들뢰즈는 "탈주선은 탈영토화와 같다"[48]라고 말한다. 이 문장은 론 힐을 위해 써진 것 같다. 그보다도 더 잘 국경들을 비웃은 사람은 없지 않을까? 그의 삶 전체는 거대한 탈주

48 같은 책, p. 47.

선이지 않았을까? 다른 곳과의 협약을 맺은 것은 향기 나는 이 온실 안에서일까? 전적으로 여기 혹은 저기에 존재하지 않는 화학원소들의 교훈일까?

　새로운 신체를 얻기 위해 이전의 신체를 해체하는 것이 가능한 이런 삶은, 기대된 모든 삶의 형태에서 탈출하는 능력, 새로운 삶을 창출하는 능력이 아니라면 무엇일까? 그러나 육상선수의 신체는 이미 만들어진 흔적을 가진 우주 안에서 길을 찾는 생물학자가 연구한 유기체의 신체가 아니다. 그의 신체는 서로 낯선 강도들 간의 전에 없었던 특이한 조합을 가진 세계를 만드는 방식이다. 꽃, 철학, 화학, 달리기를 연결하는 것, 그것은 환원 불가능한 바깥을 구성하는 것이며, 특히 마라톤 주자가 되기를 그치지 않으면서, 또한 정원사 혹은 철학자이기를 그치지 않으면서 바깥에서 살 수 있을 때까지 그 밖을 확대하는 것이다. 모든 경우에 생성을 배워야 한다! 바로 자신의 허구적 아우라가 더 이상 삶의 실재와 허구를 구분하는 것이 불가능해질 때에 나타나는 실존의 개념적인 생성이다. 들뢰즈는 "탈주는 일종의 망상이며, 망상은 다름 아닌 일탈"이라고 말한다. 삶이 자신의 일상에서 빠져나올 때, 그 삶은 허구, 전설적인 삶이 된다. 사실, 마라톤의 기술은 계속 도망치는 기술, 항상 더 동적이고 유동적이 되는 기술이다. 유동성은 주자가 시험하는 시간의 가스 상태다. 거기서 그는 전적으로 바깥에, 거의 무중력 상태에, 혹은 그의 신체가 거의 터질 것 같은 지경에 이르며, 더 이상 하나의 고정점, 진정한 자기 정체성의 감지기로 자신을 이끌 수 없을 정도로 신체가 거의 터질 것 같은 지점에 이른다. 그러나 결국 그는 세계의 상태들인 이 모든 신체의 상태를 통과하는 데에 성공한다.

37.

유토피아적 신체

우리는 스스로 자신의 신체를 만들 수 있을까? 우리의 신체는 우리가 생각하는 것보다 훨씬 우리를 앞서간다. 우리는 신체로부터 영광이나 굴욕, 때로는 양쪽 모두를 끌어낸다. 신체는 마치 탁월하게 "이미 거기에" 있는 것처럼 놓여있다. 이런 이유로 미셸 푸코는 "나의 신체는 유토피아의 반대, 절대로 다른 하늘 아래 놓일 수 없는 것, 절대적인 장소, 공간의 작은 파편이며, 이와 더불어 나는 엄격한 의미에서 신체를 만든다"

49고 말할 수 있었다. 유토피아는 다른 공간, 다른 신체를 요구한다. 유토피아는 신체를 지우기 위해 죽음의 편으로 혹은 영혼의 편으로 향하는 것처럼 보인다. 죽음은 신체의 무화다. 그러나 영혼은 무로 환원됨이 없이 그 안에서의 여행이다. 정신적 수행은 자신의 신체를 탈출하려는 절대적인 필요로부터 태어난다. 정신적 수행은 명상과 이데아에 대한 사랑과 연결된 최상의 삶의 증거이고자 하는 형이상학적 성찰을 낳는다.

그러나 우리는 신체를 쳐다보고, 더욱이 그것에 대한 환상을 가지고, 그것에 상상적인 변이를 가하고 싶어 한다. 따라서 유토피아적 신체는 절대로 멀리 있지 않다. 푸코의 지적처럼 "마스크, 문신, 화장은 신체를 다른 공간 속에 놓고 […], 신체를 상상적인 공간의 파편으로 만든다."**50** 따라서 신체는 절대로 우리가 정해주는 거기에 존재하지 않으며, 신체는 자신을 동일한 특질들 안에 고정하는 본성 안에서 절대로 코드화되지 않는다. 신체는 자신을 다른 곳에서 발견할 수 있는 능

---

49 Michel Foucault, *Le Corps utopique. Les hétéropies*(『헤테로토피아』, 문학과 지성사, 2014), Lignes, 2009, p. 9.

50 같은 책, p. 15.

력을 제시한다. "나의 신체는 사실 항상 다른 곳에 있으며, 신체는 세계의 모든 다른 곳과 연결된다."[51]

만일 달리기가 신체를 유토피아로 만드는 하나의 방식이라면? 달리기는 신체의 비상을 위해 변호한다. 가벼움의 경험은 중요한 경험이 된다. 물론 노력 없이 달릴 수 있는 이 은총은 돌연히 무거워지는 신체의 중력에 의해 끝없이 쏠려가고, 우리는 움직이는 것이 힘들어지고 신체는 움직이지 않는 바위와 같아진다. 그럼에도 불구하고 달리기의 인상은 때때로 이동이 신체 안으로 들어가 정맥 속에서 도는 것 같은 가벼움의 인상이 될 수도 있다. 이 경우, 신체는 더 이상 우리가 항상 등으로 느끼는 그런 형식이 아니라, 모든 장소들에 열린 장소가 아닌(non-lieu) 영역, 즉 교차로다. 신체는 달리기의 취기 속에서 신체가 끝없이 자기 자신임을 다시 느끼는 모든 것에서 확장된다. 신체는 보는 자, 느끼는 자, 듣는 자가 된다. 신체는 순수한 행위가 되기 위해 하나의 상태이기를 그친다. 그 행위로 인해 세계는 신체의 열린 형상화 위로 접힌다.

유토피아적 신체는 신체의 자연적 한계를 부순다. 모든 주자는 이 유토피아적 신체에 의해 유혹받는다. 주자는 꿈속에

---

51 같은 책, p. 17.

서 이 새로운 영역 안으로 침투하기 위해 정상의 한계를 건너 뛸 준비가 되어있다. 10킬로미터에서 20킬로미터로, 그리고 마라톤으로, 그리고 50킬로미터로… 적어도 주자가 3종 경기에서 자신의 신체를 달리기 이외에 다른 두 경쟁적인 스포츠인, 수영과 사이클로 인도하면서 위험에 처하게 하지 않는다면 말이다. 신체의 경계들 그 자체가 시험이 되는 순간이 온다. 특히 자신의 신체를 테스트할 이 필요가 위험한, 그러나 유토피아적 신체가 되기 위해 탐내는 시험을 표상하는 순간이 온다. 여기서 문제는 전혀 힘을 긍정하는 것이 아니라, 달리기만이 신체를 공간과 특히 시간 속에 운동 안에 놓는 달리기의 소명으로 설명할 수 있는 강도의 영역에 접근하는 것이다. 여기서 달리기는 일상적 삶을 취소함이 없이 신체를 일상적인 삶의 공간과 시간에서 해방하고, 일상적 삶을 괄호 안에 넣는다. 달리기가 극단적이 될 때, 신체는 더 이상 존재하는 것이 확실하지 않다. 신체의 모든 가능성이 지워진다. 여전히 지속되는 달리기의 가능성을 제외하고서 말이다. 인간의 소멸을 설명하기 위해 고도의 테크놀로지를 요청할 필요가 없다. 마라톤 주자는 보드리야르의 진술에 이의를 제기한다. 그에 의하면 "인간의 가능성들을 고갈시키는 것이 테크놀로지적 대상의 본질인 한에서 인간의 속성은 자신의 가능성들의 끝까지 갈 수 없다."

[52] 마라톤을 하는 누구나 자기 자신을 넘어서 가는 것이 어떤 의미인지를 안다. 이 의미는 절대로 테크놀로지적 대상에 의해서 접근할 수 없다. 이것이 바로 주자의 유토피아다. 즉 자신의 신체 그 자체 안에서 자신을 상실할 가능성 말이다.

52 Jean Baudrillard, *Pourquoi tout n'a-t-il pas déjà disparu?* (『사라짐에 대하여』, 민음사, 2012), L'Herne, 2007, p. 16.

38.

중력과 은총

달리기가 단지 즐겁기 위해서라고 상상하는 것은 가능하지 않다. 진실은 우리가 상태가 좋을 때만큼 상태가 나쁠 때도 달린다는 것이다. 달리기 코스에 접어들자마자 자주 머릿속에 떠오르는 생각은 가능한 빨리 이 코스를 끝내자는 것이다. 몇 미터 가자마자 돌아가야 한다는, 달리지 말 걸 하는 생각이 든다. 이것은 신체가, 정신도 역시 달리기 안에 존재하지 않을 때 알려져 오는 재난이다. 이런 감정은 매번 나갈 때마다 일어날 수 있다. 문제는 다만 정해진 거리를 달리고 그 후에 부끄러움 없이 집으로 돌아가는 것에 동의하는 데 이를 정도로 말이다. 이런 중력의 경험이 지속되지 않고 점진적으로 신체가 피곤에서 벗어나 의심할 수 없는 젊음에 접근할 수도 있다. 가벼움의 감각이 우리 몸에 축적될 때 이러한 은총이 도래할 수 있다. 출발의 무거움이 단지 오랜 악몽이 될 정도로 말이다. 중력 안에서 달리는 것은 이 중력을 제거하게 될지도 모르는 미래의 은총을 생각하는 것이다. 끔찍한 중력에서 희망의 은총으로의 이 갑작스럽고 예고되지 않은 이행은 슬픔에서 기쁨으로의 전이 속에서 느껴진다. 스피노자에게서, 슬픔은 보다 큰 완성에서 보다 적은 완성으로의 이행이고, 반면 기쁨은 보다 적은 완성에서 보다 큰 완성으로 이행이라면, 은총에서 중력으로 넘어가는 것보다 중력에서 은총으로의 넘어가는 것이 더 낫다. 전자의 경우, 가능성들의 탈진과 축소는 더 이상 견딜 수 없는 어려움과 연결된 슬픔의 확산을 함축한다.

주자의 신체와 정신을 하나의 유일한 경험에 고정하고자 하는 것은 어렵고 결국 별로 도움이 되지 않는다. 왜냐하면 달리기의 경험은 전이의 경험이기 때문이다. 주자는 어떤 상태에 도달하자마자 다른 상태에 빠질 수 있다. 주자에게 중요한 것은 습관을 변경하는 것이 아니라 변경에 익숙해지는 것이다. 특히 고독 속에서 변화는 극단적으로 첨예하게 느껴진다. 여럿이 함께 달리는 것은 주의 깊은 검토를 피하게 한다. 대화는 단조로움을 잘라낸다. 대화는 각자의 신체에 퍼지고 우리가 자기 자신에 오래 머무는 것을 막는다.

우리가 혼자 달릴 때에는 사태가 다르다. 나는 중력을 자기 자신으로부터 벗어나지 못하는 불가능성, 자기 자신을 포기할 수 없는 불가능성이라고 부른다. 나는 은총을 비상(飛翔), 자기와 세계 간의 공모의 경험이라고 부른다. 그리고 가벼움은 중력 바깥에 존재하는 것이 아니라는 사실이 남는다. 가벼움은 중력의 극단적인 도달점이다. 가벼움은 사실 어떤 무게도 느끼지 못하는 것이 아니라, 자신의 무게를 평상시와는 다른 비율 안으로 들어 올리는 것이다. 자신의 무게를 들어 올리는 것은 자신의 신체가 팽창하는 것을, 신체가 더 이상 자신의 자리에 없음을, 신체가 정신의 정련된 낟알에 합류되는 것을 느끼는 것이다. 무거움이 정신을 신체로 잡아당기는 한편, 가벼움은 신체를 정신으로 잡아당긴다. 그러나 삶의 유일한 극성은 전이의 경험 속에서 그려지고 확대된다.

내가 계속 가볍게 남아있으리라는 보장은 전혀 없다. 또한 영원히 무겁게 남아있도록 선고되지도 않았다. 은총에는 날개가 있다. 그러나 중력에도 날개가 있다. 달리기는 예고된 계획이나 지도도 없이 하나에서 다른 것으로 가는 것이다. 은총의 경험은 팽창의 경험이다. 반대로 중력은 근육, 신체, 정신의 전적인 수축이다.

첫 번째 경우, 팽창은 결국 나를 나 자신의 바깥에 놓는 것으로 끝난다. 이것은 실질적으로 내가 지속한다는 것을 스스로 느끼는 순간이다. 이것은 또한 공간을 비웃는 지속이 나눠질 수 없는 순간이다. 두 번째 경우, 수축은 거의 단독적으로 나 자신 안에 나를 놓는 것으로 끝난다. 이것은 실질적으로 내가 공간의 파편화라는 것, 끝에 도달하는 것의 어려움(아직 뛰어야 할 직선코스, 그리고 코너, 다시 또 직선코스 등등)을 느끼는 순간이다. 이때 공간은 지속을 비웃는 무한 분할의 형식을 가진다.

우리가 달리는 도중 하나의 경험에서 다른 경험으로 흔들린다는 사실은 우리가 전적으로 달리기의 주인이 아니라는 것을 의미한다. 달리기와 주권과의 관계는 없다. 더욱이 달리기는 자기 바깥에 팽창의 경험을 이유 이상으로 연장하는 것이 문제가 될 수 있다. 그러나 주자는 데카르트가 말한 것처럼 배의 항해사가 아니다. 다시 말해 주자는 마치 "자신의 신체를 운전하는 것"이 어떤 의미가 있는 것처럼, 배를 기술적으로 왼쪽에서 오른쪽으로 이끌고, 같은 선으로 유지하는 그런 항해사가 아니다. 사실상 문제는 전이다. 주자는 전이를 마치 자신의 제2의 신체로 실험하고, 변화 속에 자신을 느끼고 시험한다. 그래서 최상의 절정의 순간에, 자신이 구속 없이, 저항 없이 존재한다고 믿는 순간에, 갑자기 주자는 더 이상 앞으로 나아갈 수 없는 어려움에 부딪히고, 더 이상 이해할 수 없고, 더이상 거기에 존재하지 않는 것 같은, 전혀 거기에 존재하지 않는 신체에 이르게 된다.

달리기의 철학은 변화의 철학이다. 정도에 의해 생각하는 것은 전제조건이지만 그것으로 충분하지 않다. 과정에 의해 생각해야 한다. 피곤의 사건은 단절 없이 가벼운 신체 안에 기입된다. 갑자기 도달하는 가속의 욕망은 어떤 경우에도 예고되지 않는다. 그것은 순간의 기술, 변화를 정돈하는 방식이다. 마치 갑자기 강요되는 감속이 그것을 낳은 공간−시간의 블록에서 떨어질 수 없는 것처럼 말이다. 달리기는 변화의 연속적인 창출이다. 그럼에도 불구하고 달리기는 그것으로부터 탈출하는 기술이다.

39.

거리를 둔 삶, 거리의 삶

거리를 유지하라는 말은 장거리 경주 주자에게는 마치 절대적인 명령처럼 떨어진다. 우리가 주파하고자 하는 공간에 대해 우리는 항상 같은 질문을 제기한다. 우리가 끝까지 갈 수 있을까? 이 질문은 다만 달리기 전에 제기하는 질문이 아니라, 달리는 도중에 계속되는 질문이다. 그것은 주자의 독백의 지속적인 바탕으로 사용된다. 그 질문 덕분에, 거리의 접근은 점진적으로 주자의 거래 자산, 그의 가장 소중한 경험이 된다.

거리의 접근이란, 말 그대로의 의미로 이해해야 한다. 먼 것을 가깝게 하는 것은 멂을 제거하고자 하는 것이다. 조깅을 마치고 집으로 돌아온 주자에게 확실한 것은 아무것도 없다. 만일 이 거리 안에 빠졌던 것이 단지 꿈이라면? 그는 자신이 800미터가 아니고 12킬로미터를 달렸다고 말할 수 있을까? 어디서 거리가 시작하고, 어떻게 그것을 지속의 블록으로 이해할 수 있을까? 그리고 결국 우리가 달릴 때 아무것도 일어나지 않는다면?

달리기의 이상함은 한 번 한 것은 그것이 실현되었다는 것 이외에 더 이상 아무것도 지시하지 않는다는 사실이다. 우선 현재의 사건으로서 달리기는 전미래[53]의 신기루 안에서, 아스팔트 위에 어떤 흔적도 없이 사라지는 것처럼 보인다. 덧없는 일, 달리기는 달리는 동안만 존재한다. 증언들은 차례로 지워진다. 달리기는 거의 무가 된다. 어느 날 더 이상 최소한의 거리도 지시하지 않는 길들, 장소들만이 남을 것이다.

달리기는 거리의 사건들 가운데 하나다. 그 사건을 순수한 사건, 자신의 부재 위에 다시 닫히는 행위로서 돌출하게 하

---

[53] 전미래(future antérieur) 시제는 프랑스어에서 미래에 도래할 한 사건에 선행해서 완성될 사건을 지시하기 위해 사용된다.

는 것은 바로 이 거리다. 왜냐하면 거리는 공간의 수가 아니라 시간의 수이기 때문이다. 만일 달리기가 거리의 접근이라면, 그것은 달리기가 공간 안에서라기보다는 시간 안에서의 침입 이기 때문이다. 주어진 코스 위를 달리는 누군가를 찍는 카메라는, 그것이 비록 가속과 늦춤을 사용한다고 할지라도, 적어도 거리가 공간으로서가 아니라 시간으로서 경험될 때, 거리 그 자체와 일치되는 이 거리의 시험을 설명할 수 없을 것이다. 거리는 경험이지 간격이 아니다. 거리는 주자에 의해 경험되어야 하며, 관객은 주자와의 관계 안으로 들어올 수 없다. 우리가 달릴 때 우리의 신체 안에 존재한다는 것이 사실인 한에서 말이다. 이 경험이 세워지는 것은 고독의 바닥에서다. 관객은 경험의 주변에 머문다. 관객은 경험을 생각할 수 있지만 지각할 수는 없다. 관객은 주자를 마치 "살아있는 것에 부착된 기계장치"처럼, 마치 스포츠 매장의 진열장 안에 2시간 13분이라고 적힌 크로노미터기 아래서 가상의 결승점에 끝없이 도달하는 전시된 자동인형 마라톤맨처럼 파악하는 경향이 있다.

달리기가 이야기가 되면, 거리의 경험은 사라진다. 달린 거리에 대한 집착을 우리에게 이해시키기 위해서는 코멘치니 같은 영화 천재가 필요하다. 〈칼라브르의 아이〉의 인물 미미는 이탈리아 남부 농촌에서 달리기 연습에 시간을 바친다. 우리는 그가 낯선 코스들을 달리는 것을 본다. 그것은 도로일 수도, 숲일 수도, 밭일 수도 있다. 그는 신발이 닳는 것을 원치 않기 때문에, 또 맨발로 달린 아베베 비킬라를 닮기를 원하기 때문에 맨발로 달린다. 가난한 아이는 학교에서 열심히 공부해 가난을 벗어나는 대신에 달리기에 대한 열정에 전적으로 헌신한다. 만일 피스트 위의 자전거 경주를 발명한 사람들 중 하나인 의사 피트르(Pitres) ―19세기 보르도에서 특이한 광기, 배회증이라 불리는 광기(la folie désambulatoire), 모든 것을 포기하게 하고, 그래서 누군가는 사는 곳에서 100킬로미터 혹은 수천 킬로미터 떨어진 곳에서 발견되기도 하는 이동 편집광을 진단해서 유명해진 의사―가 오늘날 다시 돌아온다면, 혹은 그의 제자들 중 하나가 맹위를 떨친다면, 아마도 그는 미미를 배회증으로 진단했을 것이다. 그러나 이것은 주자의 최초의 경험인 거리의 경험의 옆을 지나갈 것이다. 거리를 둔 삶(une vie à distance)이라기보다는 거리의 삶(une vie de distance), 그것은 일상의 카메라 이미지들이 잡을 수 있는 것이 아니다. 그래서 텔레비전을 통해 전송된 거리에서 달리는 이미지들은 우리를 아주 지루하게 만든다.

달리기는 이야기라기보다는 낭송이다. 달리기는 분명 이야기하기, 달리기와 더불어 써진 어떤 것이다. 그러나 달리기

265

는 우선 순수한 현시, 지속하고 있는 자기에 대한 증명이다. 마치 그림을 그리는 마티스의 제스처를 찍은 메를로-퐁티의 카메라처럼, 우리의 코스를 카메라에 담는 소형카메라는 절대로 우리를 거리의 경험 안에 빠지게 할 수 없다. 왜냐하면 거리를 만드는 것은 주자의 나눌 수 없는 제스처이기 때문이다. 이 거리에 대해, 우리는 달리기가 끝나자마자, 거리를 두고(à distance) 존재한다. 그러나 이 후자의 거리도 달린 거리만큼 큰 가치를 가진다. 이것은 경험은 실현하는 동안에만 지속한다는 사실을 보여준다. 경험의 강도는 고유한 지속으로부터 온다. 지속의 제거는 흔적의 부재에 의해 표시된다.

우리는 또한 항상 역설 앞에 존재한다. 주자는 거리를 제거하기 위해 거리를 달린다. 그러나 거리는 그것이 제거되자마자 다른 형태로 다시 태어난다. 그래서 결국 주자는 자신의 경험에도 불구하고 자신의 경험과 거리를 두고 존재한다. 이것은 모든 삶은, 주어진 순간에, 항상 거리를 둔 삶이 된다는 뜻일까? 이것은 아마도 이 두 번째 형태의 거리를 극복하는 것의 불가능성일 것이다. 그리고 이 불가능성은 서둘러서 주자를 두 번째, 세 번째 뛰기 위한 외출을 하게 만든다. 모든 창조에서처럼 신비는 결국 한 번 사물들을 만드는 것이 아니라, 그것들을 두 번 세 번 계속 반복하는 것이다. 미미가 그랬던 것처럼 말이다. 사태가 이러하다면, 주자는 작품이 그 부재 안에 자리하는 예술가다. 바로 여기에 광기가 있다.

고통의 즐거움

마라톤의 철학이 존재한다면, 그것은 내게 『장거리 주자 안에 작가의 자화상』에서, 더 정확히 이 책의 일본 세목 『달리 기를 말할 때 내가 하고 싶은 이야기』에서 무라카미 하루키의 정식으로 요약될 수 있다. 즉 "아픔은 피할 수 없지만, 고통은 선택이다."[54] 작가는 글쓰기와 달리기에 삶을 바쳤고, 하와이 에서 연습했고 10여 명의 다른 마라톤 주자들과 토론하고 아 픔과 고통 간의 소중한 간격을 세웠다. 우리는 우리가 겪는 아픔을 흡수한다. 반면 자유와 연관된 고통의 가능성이 남는다. 왜 여기에 이를까? 우리를 아프게 하는 것에 동의하기 위해 우리는 어떤 더 큰 아픔의 인질이 될까? 아마도 우리가 달릴 때, 고통을 통해 구원을 얻고자 할 때 우리는 여전히 유대-기독교적인 문화에 갇혀있는 것처럼 보인다. 그러나 하루키처럼 동양 문화권의 작가는 이러한 혼동을 세우는 것을 금지한다. 정상 안에 불안이 존재한다. 오늘날 매일 아침 건강을 위해 먹는 비타민처럼 가장 많이 말해지는 즐거움은 고통과 밀접한 관계가 있지 않을까? 달리기에서 이 두 경험은 공통의 영역을 통과하는 것처럼 보인다. 현대 생물학은 우리에게 사랑에 의해 생긴 분자들과 장거리 달리기가 유사한 구조를 가진다는 사실을 알려준다. 극단의 노력을 할 때, 엔돌핀이 나오고, 그것은 좋은 기분을 생기게 하고 행복감에 젖게 한다. 오르가즘과 주자의 고통은 같은 화학적 폭발 속에서 서로 접근한다. 그런데 질문이 떠오른다. 왜 침대에 머무는 대신에, 자신의 작은 분자적 폭발에 열중하는 대신에, 아침이나 저녁에 달리러 나가

---

54 Haruki Murakami, *Autoportrait de l'auteur en coureur de fond*(『달리기를 말할 때 내가 하고 싶은 이야기』, 문학사상, 2009), trad. Hélène Marita, Belfond, 2009, p. 10.

야 할까?

하루키는 달리기와 글쓰기 간의 유사점을 세운다. 그에게 글쓰기의 기법은 우선 지구력의 기법이다. 여기서 천재성은 부수적인 역할을 한다. 그를 작가로 만든 것은 일에 대한 고집스러운 반복이다. 물질적인 면에서, 매일 달리기를 연습하면서, 재미있는 훈련의 규칙을 발명하면서 조깅을 하던 그는 대가가 되었다. 20세기 초, 아일랜드의 작가 제임스 조이스는 더블린의 도망치는 한 젊은이를 상상했다. 그리고 추방과 간계 속에서 절대적으로 글쓰기 예술로 전향하는 놀라운 동기들을 찾았다. 그의 예술가가 예술가로서의 자신의 사명을 실현하기 위해 모든 것을 포기할 준비가 된 젊은이가 될 수 있을 때까지 말이다. 그 결과가 『젊은 예술가의 초상』이다. 그 책은 보헤미안적 삶에 대한 놀라운 묘사이며, 예술가가 되는 방식의 발명이다. 그리고 예술가는 자신의 신체 안에서 작품을 생산하고자 하는 자신의 욕망을 인증한다. 21세기 초반에 환상의 대가인 일본 작가는 성숙하고, 이미 활동적이고(재즈 카페 주인), 도쿄에 사는 한 남자를 상상하면서 그 예술가에 대답하는 것처럼 보인다. 그 남자는 글쓰기와 달리기라는 이중적 결심을 하고, 일상의 삶과 작가의 삶을 분리하기를 거부하고, 달리기의 기법적인 자산뿐만 아니라 일상적이고 하찮은 자산 위에 예술가를 세우는 데까지 나아간다. 우리는 작가가 일본의 서정시 안에서 임시직 노동자로 변신하고, 보헤미안적인 그의 유럽적 삶과 연결된 불확실한 천재의 영광을 잃어버리는 것을 상상한다.

　장거리 주자(le coureur de fond)는 그 말이 지시하는 것처럼 몇몇 킬로미터 위에서 피상적으로 움직이는 표면(surface)을 달리는 주자가 아니다.[55] 또한 장거리 주자는 자신의 스타일에 주의하는 형식적인 주자도 아니다. 그래서 자토페크는 "스타일이 피겨스케이트에서처럼 달리기에서 중요할 때, 그것에 전념해야 할까?"라고 즐겨 말하지 않았을까? 장거리 주자가 되는 것은 쾌락과 고통의 두 경험이 하나의 경험을 형성하기에 이르는 것을 의미한다. 심연(fond)에 도달한다는 것은 바로 어떤 무엇과도 같지 않은 영역에서 자신을 발견한다는 것이다. 하루키는 자신이 100킬로미터 울트라마라톤에서 정통마라톤의 42킬로미터 선의 경계를 지났을 때, 모든 지표가 사라지고, 어떤 참조점도 없는 마치 어떤 줄도 없이 깊은 바닷속으로 내려가는 잠수부와 같이 미지의 세계로 들어가는 것 같은 느낌을

55　(역주) 장거리 달리기(la course de fond)는 말 그대로 표면(surface)이 아닌 심연(fond)의 달리기다.

상기한다. 이완, 시공간의 느낌의 상실은 환각에 의해 사로잡히고, 그 안에서 그는 깊은 바닷속에서 이상한 형상들, 바다 괴물들을 지각한다고 믿는다. 이것은 장거리 주자는 정해진 한계 안에서 움직이지 않는다는 것을 의미한다. 그는 항상 공간적 경계를 조금 더 멀리 밀려고 한다. 마치 한계를 넘는 그 능력이 결국 심연에 접근하는 하나의 방식으로 평가되는 것처럼 말이다.

그러나 이러한 접근은 무엇을 의미할까? 이것은 장거리 주자는 고독하게 존재한다는 사실을 드러낸다. 다른 주자들과의 연대에도 불구하고 고독한 주자는 자기 자신의 지하실 안에서, 자신의 고통을 따라서, 다른 주자들과 혼동되지 않는 자신만의 투쟁의 영역 안에서 달린다. 아마도 여기가 하루키가 그린 장거리 달리기 작가의 초상이 그 의미를 가지는 곳일 것이다.『장거리 주자의 고독』의 작가, 앨런 실리토(Alan Sillitoe)의 말대로, "소설기는 고독해야 한다. 지하실 안에 꽝부 같은 노동자여야 한다." 장거리 선수는 실존의 지하실에서 일한다. 그곳에서 쾌락과 고통과 같은 삶의 기록들 간의 명백한 구분들은 특이한 생성들로 이어질 수 있는 변형, 강도에 그 자리를 양보하기 위해 사라진다. 아마도 이것이 하나의 신체를 만드는 것일 것이다. 즉 습관, 반복, 훈련은 결국 신체의 영역을 확대하기에 이른다.

41.

좀비들

한 번은 사물들을 끝에서 파악해야 한다. 출발의 명증성을 거부하고, 즉시 도착지에 가야 한다. 단거리 경주를 예로 들어 보자. 10초 전에 활기에 차 있었고, 최상의 컨디션에서 바닥에 무릎을 꿇고 스타팅 블록에 발을 맞추고 있었던 사람들이 10초 후에는 창백해져 거의 죽어간다. 몇몇은 바닥에 쓰러지고 몇몇은 숨을 되찾으려 애쓴다. 이것은 육상선수들을 지치게 하는 아주 이상한 병, 좀비-되기다. 이 좀비-되기는 장거리 경주에서 더 가공할만하다. 이것이 바로 마라톤에서 중도 탈락을 일으키는 원인이다. 그러나 이것은 또한 주자가 거의 의식을 잃을 것 같을 때 도착지점까지 그를 깨어있게 하는 것이기도 하다. 가브리엘라 안데슨-쉬스(Gabriela Anderson-Schiess)는 1984년 로스앤젤레스 마라톤에서 결승지점까지 400미터를 남겨 놓고 있었다. 그녀의 체내 온도는 41도에 육박했고, 한 마리 거북이가 되었다. 그 거북이가 콜리제를 한 바퀴 돌기 위해서 환각에 사로잡힌 상태로 7분이 걸렸다. 그녀의 수난의 이미지는 세계로 퍼졌고, 올림픽 역사상 최초의 여성 마라톤 승자인 조안 브누와(Joan Benois)보다 더 그녀를 유명하게 만들었다.

일상적인 삶의 현상학의 틀 안에서, 거기에 도달하는 것이 어떻게 가능했는지를 물어야 한다. 좀비는 자동기계의 역형태다. 그것은 권력은 절대로 어디서나 얻게 되는 것이 아니라는 것을 알려준다. 왜냐하면 권력이 국민들의 삶의 상태를 아무리 통제한다고 할지라도, 피곤과 항상 더더욱 좀비로 향하는 주체들의 악화를 통제할 수 없기 때문이다. 어쩌면 자신을 자동기계로 느끼는 것에 대한 우리의 혐오는 소모, 피곤, 착취를 알리는 좀비-되기에 의해 파악될지도 모른다. 자본주의는 우리를 마치 자동기계처럼 취급하고, 우리를 좀비처럼 버린다. 이 황혼의 변신은 오늘날 세계화의 회로 안에서 위험에 처해있다. 우리는 정해진 일을 하는 자동기계처럼 정의되는 것으로 보인다. 그러나 우리는 여전히 계속 피곤하고 일로 고통받는 좀비들처럼 산다.

이때 달리기는 좀비들의 의사, 즉 건강을 스스로 되찾는 수단으로서 일종의 소비문화가 다시 될 수 있다. 그럼에도 불구하고 더 걱정스런 좀비-되기가 존재한다. 그것은 각자가 유령, 자신과 타자에게 부재하는 주체가 되는 것이다. 자본주의는 내밀한 공간의 경계를 지우고, 모든 주체들이 자본의 요구에 복종하고, 투명한 것처럼 가정된 존재들이 되는 자본의 순환을 강요한다. 그리고 그 흐름의 긍정을 용이하게 하는 요소들처럼 그들을 재기입할 수 있도록 그 존재들의 에너지를 손에 넣어야 한다. 인류학자인 진과 존 코마로프(Jean et John Co-maroff) 부부는 이 점에 대해 강하게 피력한다. "좀비화는 오늘날 전 세계 수많은 도시의 전설들의 원천으로서 우리 시대—명백한 소외, 탈개인화, 그리고 후기 인간의 특징을 이미 획득한 신체들이 단지 그 처녀성을 유지하기 위해 자신에게 가한 이 새로운 규율—를 기술하고자 하는 사람들에게는 우의적 시금석이다."[56] 일차원적 인간의 도래는 세계 시민의 자격으로 행하는 비판적 몽상의 소비자 운동과 짝을 이룬다. 좀비화의 궁극적 단계 중 하나는 모든 삶들이 오락에서조차 서로 교환가능해질 때 도달한다. 세계 어디서나 사람들이 같은 제의, 같은 장비, 머릿속에 같은 숫자와 기록을 가지고 달리는 것을 보는 것은 당황스럽다. 의심의 여지 없이, 강요된 존재 방식의 획일화는 인간 조건의 구체적 보편성의 번역이라기보다는 좀비화의 절차적 실행이다. 좀비는 자신의 존재가 상실하는 경험을 하는 존재이며, 자신에게 생동감이 비워지는 고통을 안겨주는 모든 것을 느낀다. 피곤의 과정은 좀비화가 진행 중인 주체들의 상태 안에 불안(trouble)을 작동시키는 삶에 대한 관점을 되돌려준다. 달리기가 도입하고, 달리기가 검토하는 것은 바로 이 도시 존재들의 좀비화 안의 이 불안이다. 자본주의 탈개인화의 과잉 속에서, 달리기는 또한 현대 허무주의 한가운데서 의미의 저장고로 생각될 수 있다. 그리고 이 사실로부터 달리기는 우리를 움직이는 주체로서 재구성하는 다양한 강도들의 역동적인 시련이 된다.

56 Jean et John Comaroff, *Zombies et frontières à l'ère néolibérale: le cas de l'Afrique du Sud post-aparheid*(『좀비들과 신자유주의 시대의 국경들: 남아프리카의 후기−인종차별의 경우』), trad. Jérôme Davide, Les Prairies ordinaires, 2010, p. 30.

42.

지는 자가 이기는 게임

지면서 이기는 것이 가능할까? 여전히 이 말들을 사용하려고 애쓰는 사회의 모든 영역 안에서 스포츠 문화의 일반화에 의해 이 말들의 의미는 오늘날 그 정도를 벗어나고, 너무 부패해서, 어쩌면 어느 날 그 말들은 유치원 마당의 몽상, 유치한 어떤 것 이외에 다른 것을 지시하지 않게 될지도 모른다. 축구 경기에서 선수들을 더 이상 비교하지 않는 새로운 언어를 발명하는 것이 가능할까? 기다리는 동안 우리는 이 말들에 새로운 의미들을 주려고 노력할 수 있다.

『장거리 주자의 고독』에서 영국 소설가 앨런 실리토는 작은 악당, 스미스에 대해 이야기한다. 스미스는 그가 수감되어 있던 교도소의 감독관 덕분에 공작과 공작부인들 앞에서 전국 장거리 경주 우승을 다투기 위해 달리기 연습을 할 기회를 얻는다. 교도소 바깥, 차가운 겨울바람 속에서 반–자유 상태에서 훈련은 네 벽으로 둘러싸인 감금에 대응한다. 여기서 달리기는 어떤 사명에도 대답하지 않는다. "교도소에 도착하자마자 그들은 나를 장거리 경주 선수로 만들었다."[57] 교도소에 오기 전에, 스미스에게 달리기는 경찰들로부터 도망치는 수단이었다. 도망치기, 전력 질주, 잡히지 않기는 "준법"과의 전쟁 속에 있는 모든 사람에게 위법의 가능성들이다. 그러나 교도소 안에서, 달리기는 교도소 소장이 꿈꾸는 사회의 재적응에 접근하는 길이다. 그러나 이 꿈은 수감자보다 감독관의 것이다. 스미스가 연습하면서 비록 교도소 밖에서 혼자라고 할지라도, 도망치지 않기를 받아들이고 체화해야 하는 것은 바로

---

[57] Alan Sillitoe, *La solitude du coureur de fond*(1959)(앨런 실리토,『장거리 주자의 고독』, 창비, 2010), trad. François Gallix, Seuil, 1999, p. 7.

이 꿈이다. 푸코 이래로 우리는 내적 규율을 위해 외적 규율을 지울 때, 외적 규율은 절대로 내적 규율만큼 강하지 않다는 것을 안다. 스미스는 자유 속에 외적 감옥을 가져온 것으로 간주된다. 이것이 그의 재활 조건이다. 그의 내적 통제는 그가 더 이상 외적 통제를 필요로 하지 않는다는 증거를 가져와야 한다. 교도소 소장에게 스미스는 도래할 인류애적 교훈의 원형이다. 어떤 수인이 그에게 삶의 이유를 주는 어떤 일과 연결되자마자, 그는 더 이상 수인이기를 그치고, 인간화되고 스스로 자신을 통제하는 것을 배우고, 사회에 더 이상 위험하지 않은 주체가 된다. 그러나 스미스는 이런 방식으로 자신을 이해하지 않는다. 그는 자신의 아버지에 대한 기억을 품고 있다. 그의 아버지는 모든 사람들과 전쟁 중이다. "정부가 행한 전쟁들은 나의 전쟁들이 아니다. 전쟁은 나와 아무런 상관이 없다. 왜냐하면 나의 관심을 유발하는 유일한 것은 나와의 전쟁이기 때문이다."[58]

이 전쟁은 두 가지 차원에서 일어난다. 모든 이에 반한, "합법적인 사람들"—바깥보다 안에 존재하는 사람들—에 반한 전쟁이 있다. 그리고 자기에 반한 전쟁도 있다. 감옥 안에서

---

58 같은 책, p. 20.

자기 자신을 지배하는 것이 가능할까? 사람은 변할 수 있을까? 개선되는 것이 아니라, 변신, 전혀 다른 사람이 되는 것이 가능할까? 달리기가 개입하는 것은 이 두 전쟁의 만남 속에서다. 달리기가 교도소 소장이 꿈꾼 모범적인 죄수의 모습이라면(여기서 달리기는 우리가 삶 속에서 목적을 가진다는 것을 보여준다), 스미스는 미리 경주에서 질 것을 결심하고서, 선두를 지키다가 차례로 다른 주자들이 추월하도록 내버려 두면서, 소장에 반대해 법을 믿는 모든 사람들에 반하는 전쟁을 이끌 수 있다. 이 전쟁 아래에는 다른 전쟁이, 즉 자기 자신과의 전쟁이 숨어있다. 여기서 지는 것을 배우는 것은 전적으로 의미가 다르다. 스미스는 어느 아침 훈련에서 스스로 자기 자신을 정식화한다. "우리가 누군가를 이기자마자, 우리는 죽을지도 모른다."[59]

우리는 다른 사람들을 이기지 않는 방법을 배울 수 있을까? 이것이 스미스가 도달한 달리기 경험의 궁극적인 의미다. 자기 통제는 그가 다른 사람들에 대항해 운동하기를 거부할 때만큼 그 정상에 이른 적이 없다. 물론 경주에서조차 타자들과 전쟁하는 즐거움이 있다. 그 위에서 스미스는 이길 수 없다.

---

59 같은 책, p. 16.

"장거리 경주에서, 당신은 항상 다른 사람들이 당신이 서두르는 것을 느낄 수 없이 추월할 수 있다. 그리고 이 기술 덕분에 당신은 당신 앞에서 달리던 두세 명을 추월하는 데 성공할 것이고, 당신은 결국 무능한 다른 사람들을 앞지르는 질주를 할 수 있다."[60] 그러나 이 외적인 전쟁은 결국 중요하지 않게 된다. 그것은 도래하는, 사유의 동기로서 달리기 그 자체에 의해 자유로워진 내적 전쟁에 의해 대체된다. 사실 달리기에서 사유는 수정 같이 투명하게 도래한다. 화자-주자인 스미스는 직감적으로 그것을 안다. "장거리 경주의 이 사건은 나에게 많은 것을 생각하게 하기 때문에, 밤에 누웠을 때 나는 더 많은 것들을 배운다." 잘 때 혼자인 것처럼 달릴 때 우리는 혼자다. 이 고독은 내적 독백을 가능하게 하고, 달리기는 자연스럽게 사유를 운동 속에 기입한다.

따라서 달리기는 지는 것을 배우는 것이다. 사실 주자가 승자인 경우는 드물다. 대개 주자는 누군가 뒤에서 끝난다. 달리기의 내기는 다만 다른 사람들을 이기는 것일까? 아니 차라리 자기를 이기는 것이 아닐까? 자기 자신에게 이기기 위해 다른 사람들에게 지는 것을 배우는 것이 아닐까?

---

60 같은 책, p. 54.

42개의 텍스트와 백여 개의 단어들

42개의 텍스트와 여기 이 백여 개의 단어들을 가지고 책 한 권을 만들 수 있을까? 여기서 중요한 것은 더 이상 진정으로 자기 집을 느끼지 않기 위해 이물질을 구성하는 것일지도, 지나면서 길들을 스케치하고, 아직 나지 않은 길과 풍경들을 발명하는 것일지도 모른다. 또한 우리는 어떻게 이 세계를 실제 인물들과 상상의 인물들로 가득 채우는 것이 가능한지 항상 물을 수 있을 것이다. 글쓰기는 여기저기를 달리는 것이며, 숨/영감(souffle)이 필요하고, 우리가 어디로 가는지 미리 알 필요가 없으며, 적어도 결승지점에서 얻은 지식이 과정의 우여

곡절을 이기지 못하게 하는 것이다. 우리는 글을 쓰거나 달리면서 다만 길을 잃는 것이 아니라, 이동하고자 한다. 그것은 방랑의 문제. 벌거벗은 삶은 방랑하는 힘에서 회복된 삶이다. 이 책은, 책이란 도시 계획처럼 빈틈없이 정돈된 잘 다듬어진 바둑판과 같다고 믿는 사람을 위한 것이 아니다. 여기에는 가시덤불, 즐거운 미로, 잡다하게 뒤섞인 생각들이 있다. 철학은 정교한 식물도감, 현학적인 분류학 혹은 길들여진 동물학과 같은 것이 아니다. 철학은 가시덤불의 대혼란을 헤쳐나가는 과정이다. 철학은 나침반도 컴퍼스도 없이 삶의 가능성들을 탐험하기 위해, 또 그 가능성들을 발명하기 위해 방랑의 선들을 그리는 기술이다. 철학은 미로의 창조이면서 동시에 그것에서 벗어나고자 하는 시도다.

하찮음이 진지함이 된다면

우리에게는 『안과 밖: 외국인의 조건』으로 처음 소개되었던 일상의 철학자, 캉길렘과 푸코의 유산 아래서 일상의 삶들을 위태롭게 하는 것들, 그 삶들 안에 각인된 상처받을 수 있음을 질문하는 철학자, 기욤 르 블랑은 이번에는 아주 특이한 방식으로 지금까지 철학에서 제외된 일상의 삶들 안에 각인된 '하찮음'을 질문한다. 누가 어떤 것은 미리 사유가 될 자격이 있고, 다른 것은 그렇지 않다고 선언할까?

1년에 한 번은 마라톤에 참여하는 주자이기도 한 철학자-주자인 르 블랑은 이 책을 통해 오늘날, 따라잡을 수 없을 만큼 빠르게 움직이는 세계, 그 세계를 따라잡기 위해 뛰는 우리에게 철학이란 무엇인가를 질문한다. 우리는 매일 무엇을 쫓아서 달리는가? 매일 아침 직장으로 학교로 일, 욕망, 권력 … 무엇인가를 쫓아 달리는 이 일상이 무엇인지 묻는 것은 아무것도 아닌 것이 아니다. 우리가 철학이란 거대한 철학사나 위대한 철학자들의 텍스트 속에만 있는 것이 아니라, 살아있는 구체적인 일상 속에 자리한다고 생각한다면, 그리고 우리 각자가 일상 속에서 각자 자신의 방식으로 철학을 할 수 있고, 해야 한다면 말이다. 그렇다면 우리는 철학을 **자기 자신으로부터, 자신의 신체와 자신의 정신으로부터** 다시 배워야 하지 않을까? 사실, 우리의 작은 일상 속에는 자신의 실존을 노래하고, 자기 자신을 발견할 수 있는 철학적인 계기들이 존재한다. 그것이 여행일 수도, 운동일 수도, 사랑일 수도, 일일 수도 있다. 자기 자신을 발견하러 떠나는 여행은 어떤 대단한 것이 아닐 수도 있다. 그것은 어쩜 어느 주말 나른한 오후, 당신이 신발장에서 꺼낸 먼지 덮인 운동화를 신고 한강 고수부지를 달리면서 시작할지도 모른다. 작가는 자신의 일상의 한 활동인 달리기로부터 일상의 작은 철학을 구성하고자 한다. 그것은 달리기의 철학이 아니라, 달리기 안에서 달리면서 하는 철학이다. 그것은 이 책의 제목이 지시하듯이—형이하학적 성찰—. 데카르트에 반해서, 우리 자신의 **신체로부터** 출발해서 자기 자신을 "움직이는 실험실"로 해서, 시속 12킬로미터의 성찰의 방식으로—각자 자신의 리듬으로—, 핸드폰처럼 "가지고 다닐 수 있는 철학, 노마드의 철학"을 구성하는 것이다. 이로써 이제 우리는 "나는 생각한다 고로 존재한다" 대신에 "나는 달린다 고로 존재한다"라고 말해야 할 것이다.

이 책을 구성하는 42개의 이정표와 백여 개의 단어들은 마라톤의 공식적인 거리인 42.195km를 상징적으로 지시한다. 킬로미터를 거듭할수록 텍스트는 어려워진다. 작가가 30장에 가장 어려운 텍스트—형이하학적 성찰—를 놓은 것은 우연이 아니다. 마라톤에서 가장 힘들다는 30킬로미터에서 보통 주자들은 바닥에 주저앉거나 거의 빈사 상태로 계속 달리기를 선택한다. 이 책을 읽는 독자도 주자처럼 여기서 멈출 수도 계속 읽기를—달리기를—결심할 수도 있다. "달리기는 결심에 속하는 인간적 행위다." 주자는 반복되는 선택—계속 달릴 것인가 말 것인가?—아래서 자유를 시험하는 "형이상학의 실험자"다. 선택은 아무도 당신 대신에 달려줄 수 없듯이 당신 자신에게 있다. 저자의 다른 책들이 달리면서 구성된 것이듯이, 이 책 속에 도입된 모든 사유는 이동성의 테스트를 거친 것들이다. 이렇게 저자가 제안하는 달리면서 하는 철학은 신체의 상태만큼 철학이 있다는 것을 의미한다. "이상적으로 마라톤맨은 능력들 간의 자유로운 놀이를 증명하는 칸트주의자로 시작해서, (…) 신체가 무너지는 것을 느끼고 다시 기운을 불어넣을 의지를 불러낼 때 그는 여전히 데카르트주의자로 머물다가, 자신의 존재를 지속하는 것이 문제가 될 때 그는 결국 스피노자주의자로 끝이 난다." 달리면서 하는 철학은 이 변형들을 영구히 수용할 진리를 불러내는 대신에, 이 변형들을 주자의 신체 상태들과 더불어 변화는 철학적 가설들과 연동시킨다. 중요한 것은 "어떤 철학도 홀로 마라톤맨이 겪는 이 모든 신체적 변화를 설명할 수 없다"는 점이다. 주자는—달리는 당신은—자신의 **살아있는 경험**의 흐름을 따라서, 매 킬로미터에서 자신의 정신이, 자신의 신체가 어떻게 변하는지, 그 둘이 어떻게 작용하는지 철학사 안에서 형이상학적 선택들—신체, 정신, 그 둘의 관계, 자유, 의지, 공간, 시간 등등—을 불러내면서 몸소 자신의 신체와 정신으로부터 형이상학적 실험을 하는 자다. 실험실에서 자동차의 강도를 테스트하는 사람처럼 말이다. 그래서 이 책은 책이라기보다는 실험일 뿐이다. 마라톤과 같은 달리기에 독자들을 초대하면서, 저자 스스로 마라톤 주자가 되어서, 달리기의 극장을 전개하는 것은 책과 저자의 근엄한 참조의 형식에서 벗어나고자 하는 것 이외에 다른 의미를 갖지 않는다.

철학자들은 달리기를 성찰의 주제로 다룬 적이 없다. (이 책에서 우리가 즐겁게 발견하는 몇몇 예외—베르그손, 들뢰즈, 가타리—를 제외하고서 말이다.) 이미 그리스 사람들이 천천히 걷는 거북이는 찬양하고, 용감하고 미친 듯이 달리는 아킬레스는 실격시켰듯이, 플라톤 이래로, 본질에 대한 사랑은 하찮음에 대한 사랑을 버리고, 필연적이고, 빛나고 명상할만한 가치가 있는 부동의 이념만을 절대적으로 바람직한 것처럼 보았기 때문이다. 따라서 다만 지나가는 "달리기의 하찮음은 사유에서 그 용례를 찾아볼 수 없는, 딱 한 번 사용된 낱말(hapax)"과 같았다. 그러나 일상의 하찮음이 진지함이 된다면, 우리가 그것에 집착하고, 우리가 그것을 소중하게 여기고, 우리가 바쁜 일과 중에도 절대적으로 달리기 위해 밖으로 나가고자 한다면, 그것은 집착이거나 그것과 유사한 것이 된다. 이런 상태에서 누군가에게 달리기의 하찮음은 절실한 것이 된다. 하찮음의 반복보다 더 탁월한 실존의 증거가 있을까? 삶은 사실 이유 없는 제스처의 긍정 속에서만 유지되지 않는가? "달리기와 같은 하찮은 행동의 반복은 순수한 우연을 반짝이게 하고, 우리가 전적으로 기계적이고 자동적인 제스처에서 빠져나오는 것을 가능하게 한다." 결국 우연성은 그 권리를 획득하고, 우리의 일상은 수수께끼가 된다.

왜 매일 이른 아침 혹은 정오 혹은 퇴근 후 사람들은 달리는가? 어찌 보면 달리기는 더 동적이고 더 유동적이고 더 빠른 리듬을 강요하는 우리 사회의 신자유주의적 자본주의의 증상처럼 보인다. 그러나 달리기는 증상 속에서 파악되지만 그것을 넘어선다. 다시 말해 달리기의 환원 불가능한 모습들을 발명하면서 증상을 넘어서기를 그치지 않는다. 왜냐하면 다른 모든 선택이 고갈되고, 달리는 것 이외에 아무것도 남아 있지 않을 때, 우리는 자신의 삶을 구하기 위해 달릴 수 있기 때문이다. 자기 발견과 세계의 발견을 위해, 보다 자신을 더 잘 알기 위해서 말이다. 그래서 보드리야르처럼 주자를 마치 시대의 병처럼, 다시 말해, 가장 강압적인 규범에 복종하는 주체로만 분석하는 것은 잘못일 것이다. 만일 그가 스펙터클을 구경하는 관중의 자리에서 내려와서 한 번이라도 달려봤다면, 달리기가 다만 앞으로 나아가는 것이 아니라, 또한 동시에 "자

기 자신을 기획하는 인간의 모든 모습과의 관계에서 옆으로
발을 내딛는 것"이라는 것을 배웠을 것이다. 혼자 혹은 여럿이
달리면서, 우리는 결국 달리기는 역설적으로 자기 발견과 세
계와의 연대를 확인하면서 이동성 안에서 균형을 탐구하
는—자신에게 적절한 리듬을 발견하는—느림을 배우는 정신
적 수행의 한 방식이라는 것을 알게 될 것이다. 그래서 마라톤
은 고독하지만 연대적이기도 한 우리 시대의 새로운 동원, 축
제다.

결국 달리기에 당신을 초대하면서, 달리기를 통해 작가가
말하고자 하는 것은 세계는 우리의 발아래 존재하지 않으며,
세계는 있어야 하는 거기에 존재하지 않으며, 끝없이 달아나
며, 찾아야 하는 다른 곳에 존재한다는 것이다. "만일 내가 지
식의 대 악보에 대해 문제를 제기하지 않는다면, 또한 내가 그
안에 머문다면 지식은 더 이상 없을 것이다. 그리고 만일 내가
권력 안에서 이동하지 않는다면, 권력도 없을 것이다. 이제 달
리기는 내일 알 수 있는 것을 미리 알 수 없으며, 내가 할 수
있는 모든 것을 미리 결정할 수 없다는 것"을 의미한다. 그래
서 주자는 자기 자신에 속하지 않는다. 그는 영속적으로 자기
밖으로 미끄러진다. 풍경도 그를 잡을 수 없다. 달리기에서 우

291

리가 좋아하는 것은 더 이상 여기에 있지 않을 가능성이다. 우리가 어떤 풍경, 장소에 자신을 기입하기 위해 달린다는 것은 사실이 아니다. 사실은 그 반대다. 달리기는 "영토 바깥에서(hors sol), 호의적인 무인지대(no man's land)에서 자신을 느끼는 것"이다. 데카르트에게 중요한 것이 "자신을 모든 사물의 주인, 소유자로 만드는 것"이었다면, 대조적으로 "달리기의 기술은 비-데카르트적인 기술로서 사물들을 버리고, 가난함 속에서 자신에게 속하지 않는 세계를 방문하는 누군가"로 자신을 발견하는 것이다.

달리기
– 형이하학적 성찰

발행일 1쇄 2020년 12월 30일
지은이 기욤 르 블랑
옮긴이 박영옥
펴낸이 여국동

펴낸곳 도서출판 인간사랑
출판등록 1983. 1. 26. 제일 – 3호
주소 경기도 고양시 일산동구 백석로 108번길 60 – 5 2층
물류센타 경기도 고양시 일산동구 문원길 13 – 34(문봉동)
전화 031)901 – 8144(대표) | 031)907 – 2003(영업부)
팩스 031)905 – 5815
전자우편 igsr@naver.com
페이스북 http://www.facebook.com/igsrpub
블로그 http://blog.naver.com/igsr
인쇄 하정인쇄 **출력** 현대미디어 **종이** 세원지업사

ISBN 978 – 89 – 7418 – 598 – 5 03100

이 도서의 국립중앙도서관 출판시도서목록(CIP)은 서지정보유통지원시스템
홈페이지(http://seoji.nl.go.kr)와 국가자료공동목록시스템(http://www.nl.go.kr/kolisnet)에서
이용하실 수 있습니다.(CIP제어번호: CIP2020051413)